이지 ② 바이엘

세광m

차 례

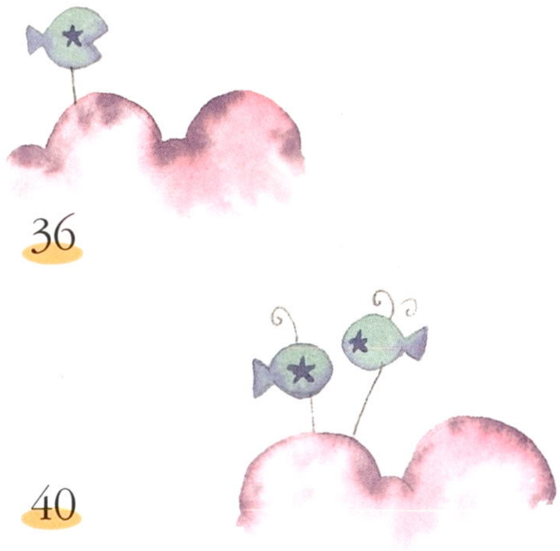

Lesson 11 8분음표 복습

지휘하면서 리듬 공부를 해 보세요.

3/4 딴 따 따 딴

딴 따따 ③ ①② 딴

지휘는 어깨와 팔의 힘을 빼고 손목을 유연하게 해서 합니다.
리듬이 익숙해 질 때까지 여러 번 해 보세요.

1. 바이엘 23번 변형

Moderato (보통 빠르기로)

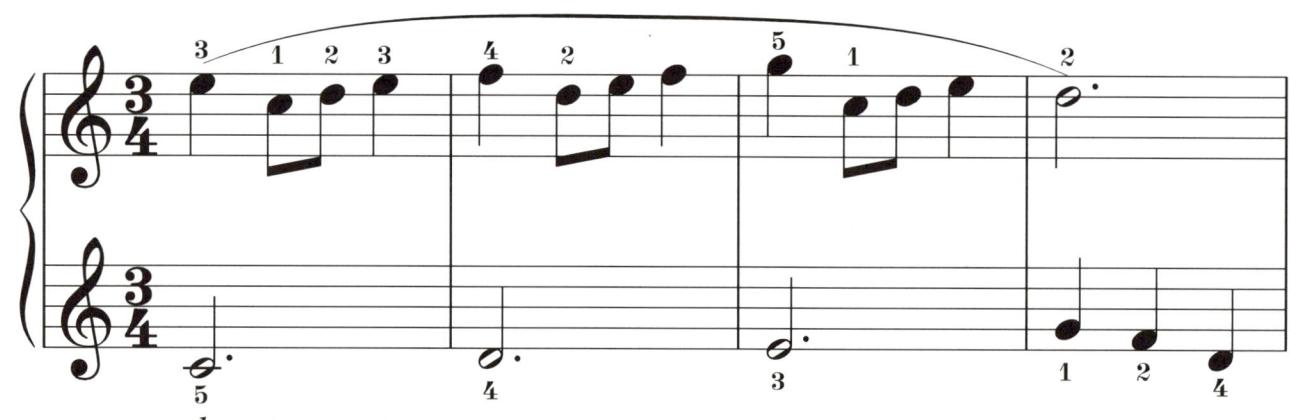

legato (부드럽게)

1권에서 배웠던 준비 운동을 따라 해 보세요. 자세를 바르게 한 후 손목의 힘을 빼고 하세요.

* 손목의 유연성을 길러줍니다.

2. 바이엘 24번 변형

Moderato (보통 빠르기로)

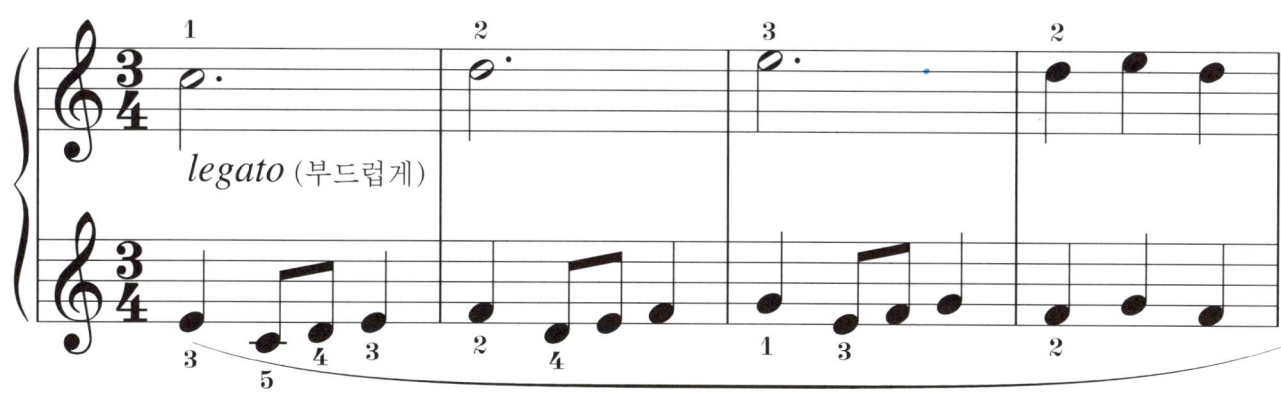

legato (부드럽게)

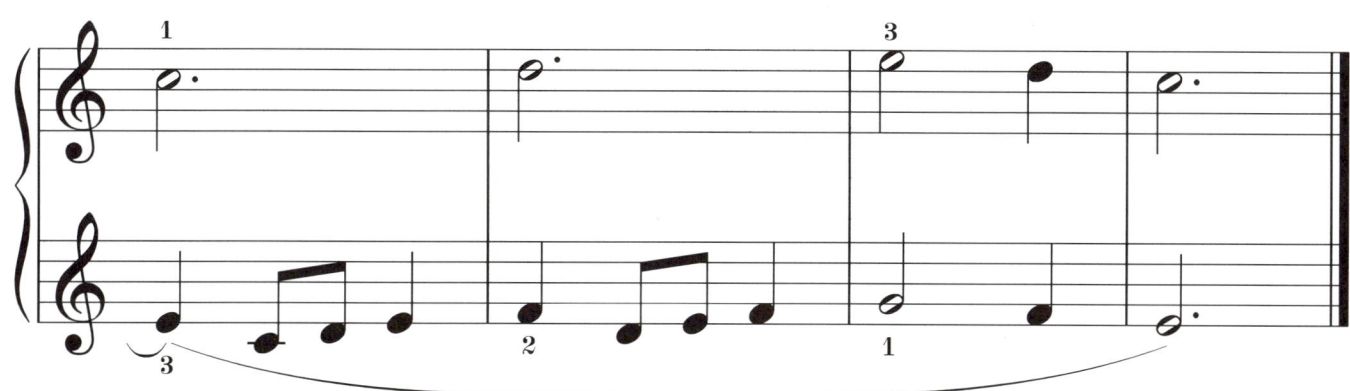

3. 모두 제자리

김성균 작사
김성균 작곡

Moderato (보통 빠르기로)

모 두 제 자 리 　 모 두 제 자 리

붙임줄

모 두 모 두 　 제 자 　 리 　 －

모 두 제 자 리 　 모 두 제 자 리

모 두 모 두 　 제 자 　 리 　 －

4. 노랑 나비

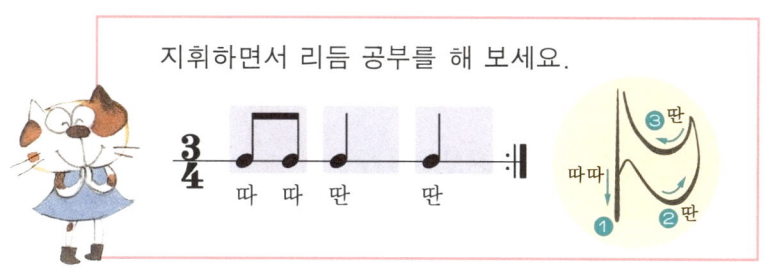

지휘하면서 리듬 공부를 해 보세요.

Moderato (보통 빠르기로)

바이엘 30번 변형

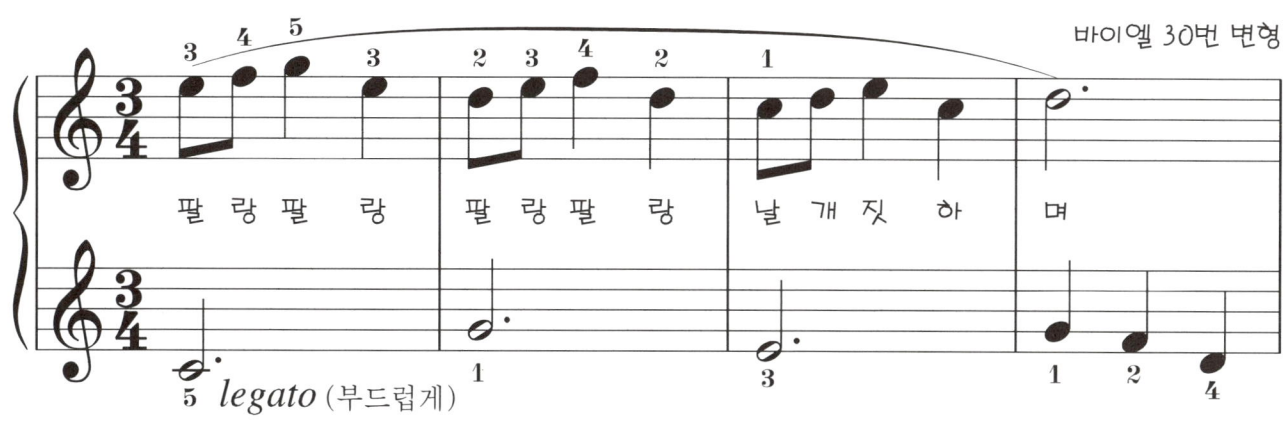

팔 랑 팔 랑　팔 랑 팔 랑　날 개 짓 하 며

legato (부드럽게)

예 쁜 꽃 을　찾 아 가 는　노 랑 나 비

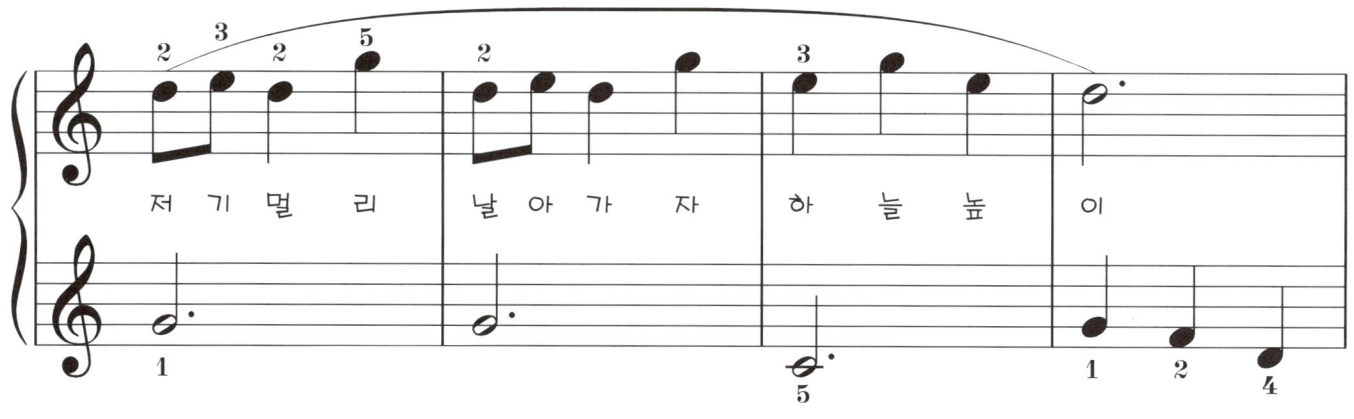

저 기 멀 리　날 아 가 자　하 늘 높 이

예 쁜 꽃 을　찾 아 가 는　노 랑 나 비

Lesson 12 못갖춘마디

못 갖 춘 마 디

첫째 마디와 끝마디의 박을 합하면 한 마디가 됩니다.

넷 하나둘셋넷   하나 둘 셋

5. 새들의 결혼식

Allegretto (조금 빠르게)

지은이 미상

저 푸른숲에 새들모여 결혼식을 한대요디디

랄랄라디디 랄랄라디디 랄랄라 랄랄라 라

못갖춘마디

6. 성자들의 행진

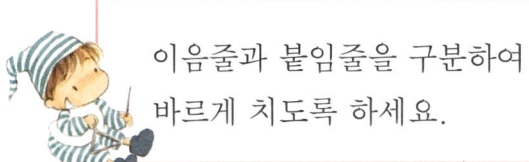

이음줄과 붙임줄을 구분하여
바르게 치도록 하세요.

붙임줄

미국 민요

행진곡 풍으로

성 자 들 이 　 － 행 진 하 네

－ 성 자 들 행 진 하 네 　 요

－ 나 도 함 께 걸 어 볼 까

－ 성 자 들 의 행 진 에 　 －

★ 덧 줄 : 오선에 표시할 수 없는 음을 나타낼 때 사용합니다.

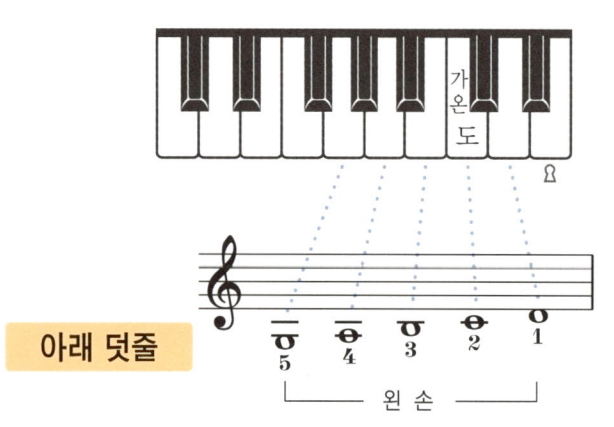

아래 덧줄

7. 함께 배워요

Moderato (보통 빠르기로)

바이엘 35번 변형

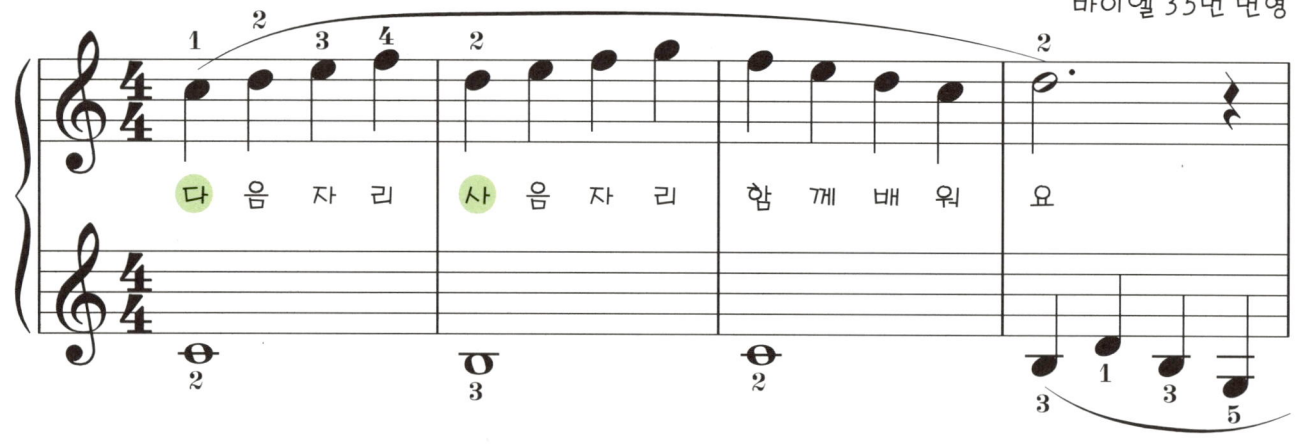

다 음 자 리   사 음 자 리   함 께 배 워   요

다 음 자 리   사 음 자 리   정 말 쉬 워   요

8. 바이엘 36번 변형

Moderato (보통 빠르기로)

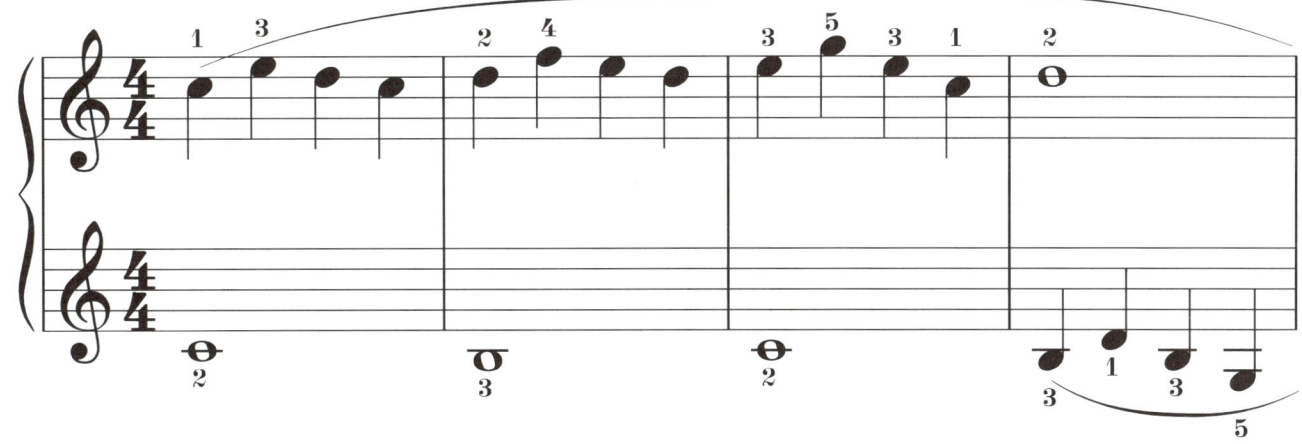

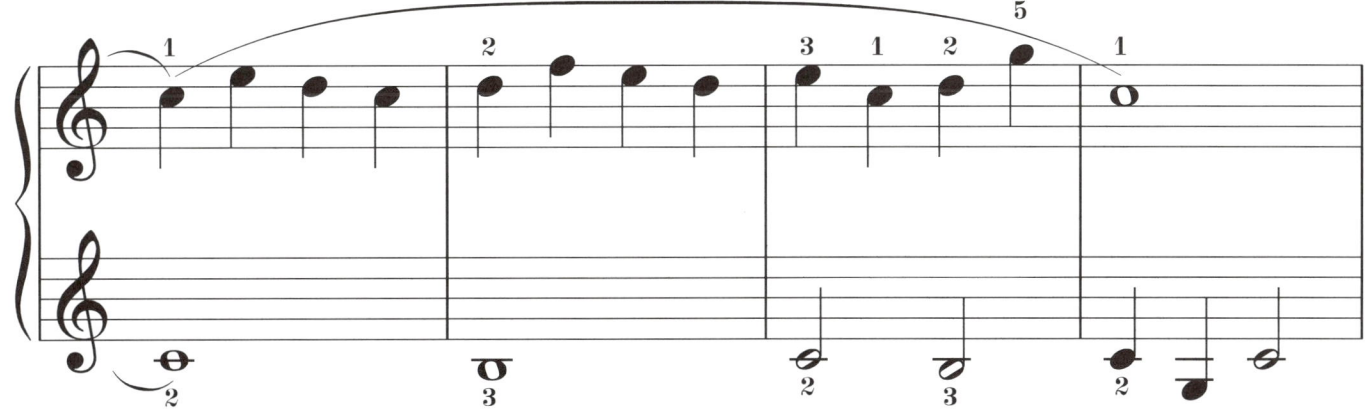

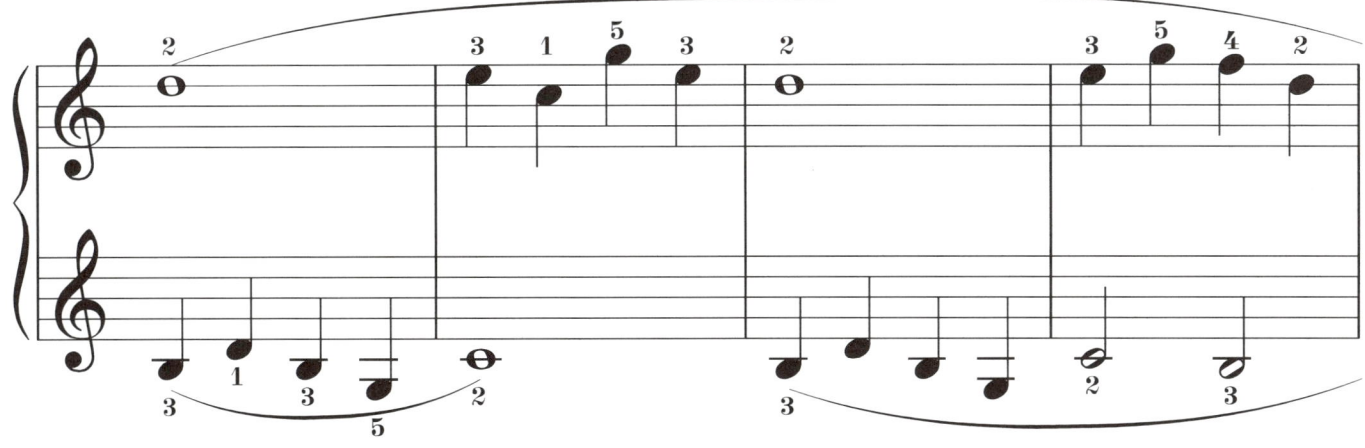

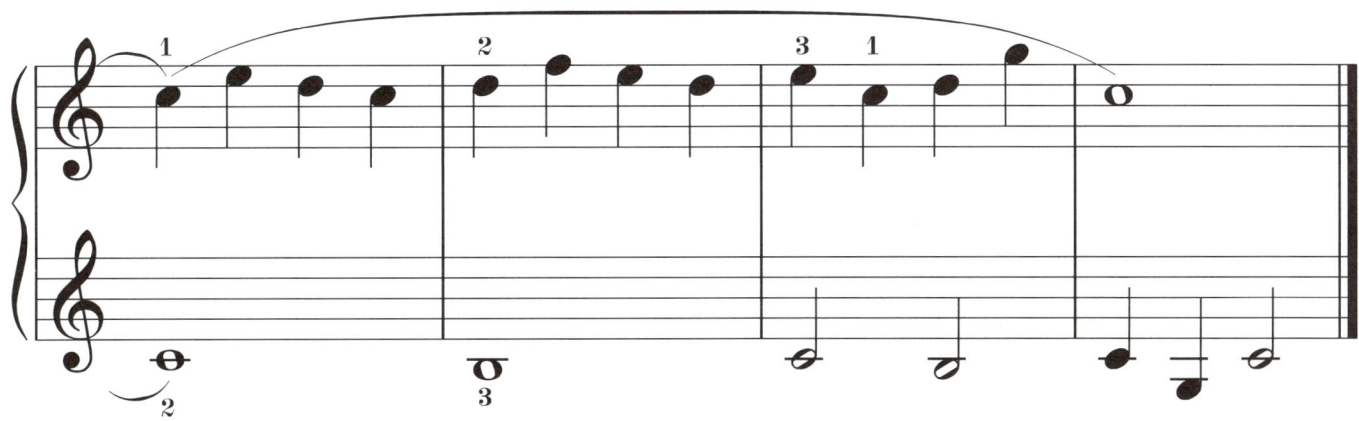

Lesson 14 낮은음자리표 익히기

낮은음자리표 가온 도 음보다 낮은 음을 칠 때 주로 사용합니다.

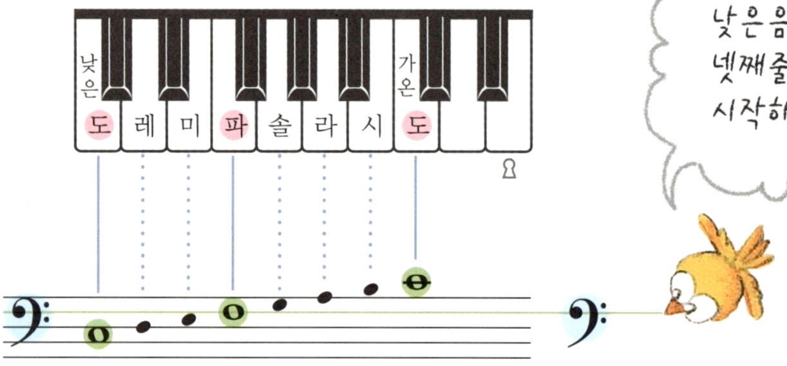

> 낮은음자리표는 넷째줄인 파음에서 시작하여 그립니다.

9. 징글 벨즈

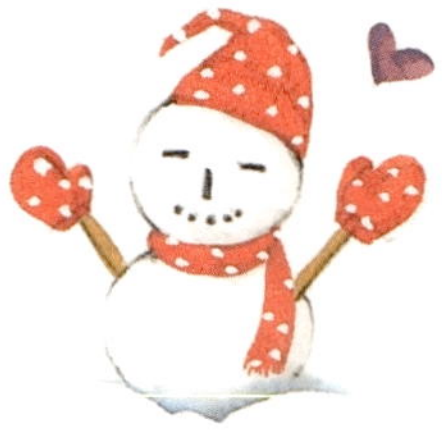

Allegretto (조금 빠르게)

J. 피어폰트

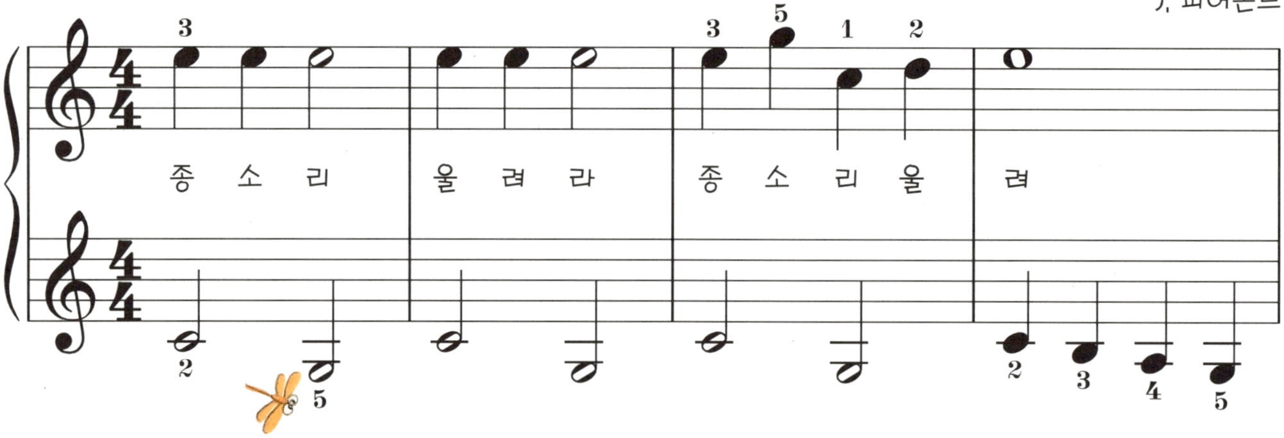

종 소 리   울 려 라   종 소 리울   려

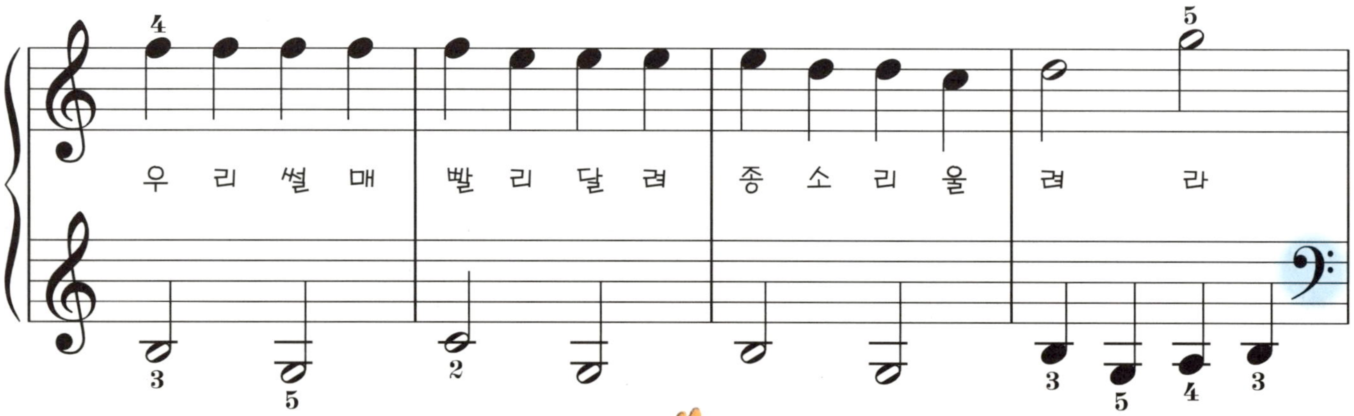

우 리 썰 매   빨 리 달 려   종 소 리 울   려   라

특히 왼손 5번 손가락을 잘 세워서 치도록 하세요.

같은 음자리

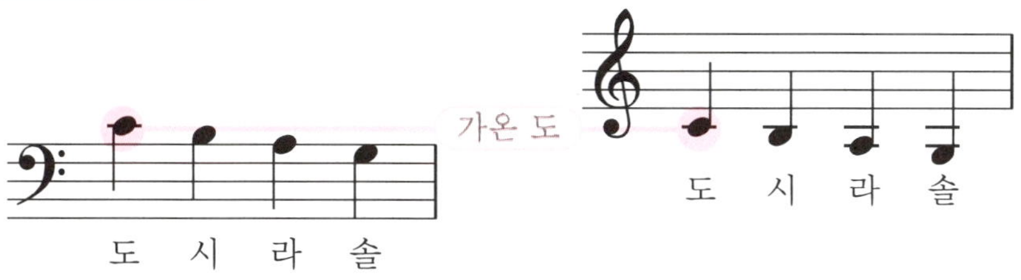

도 시 라 솔
가온 도
도 시 라 솔

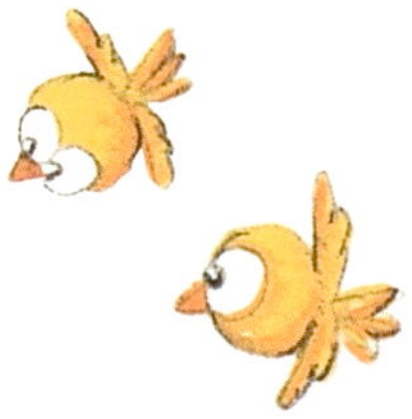

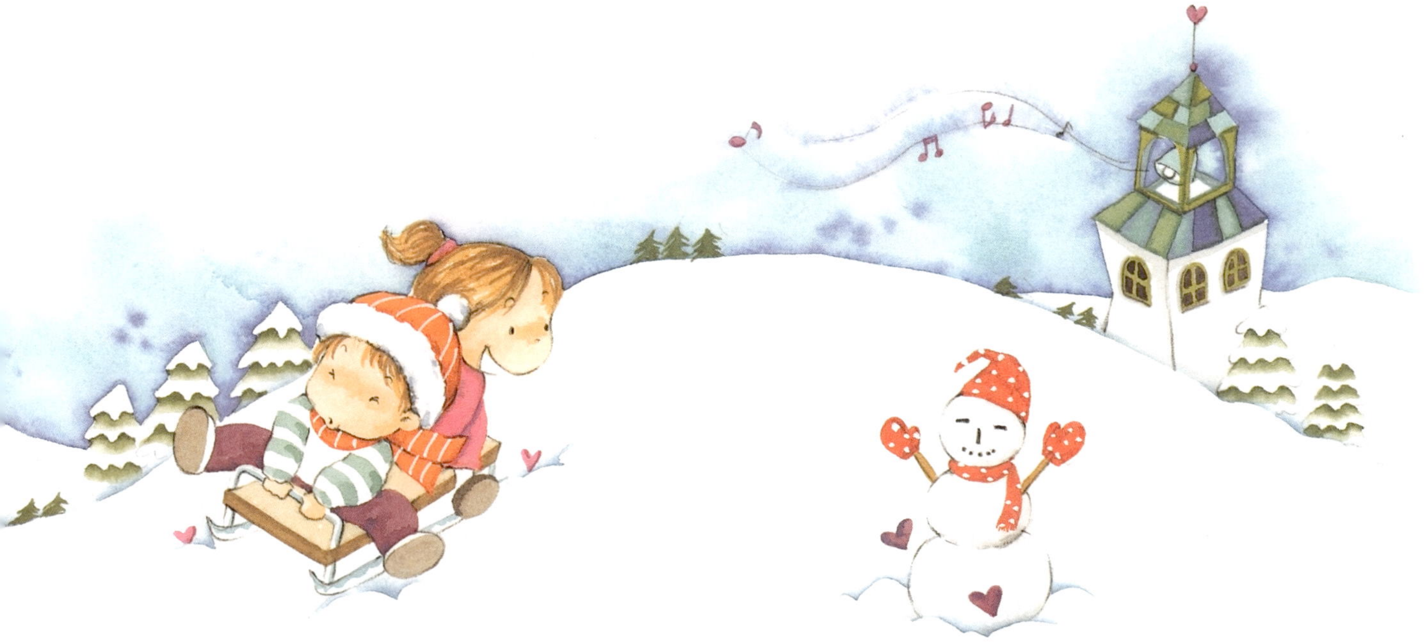

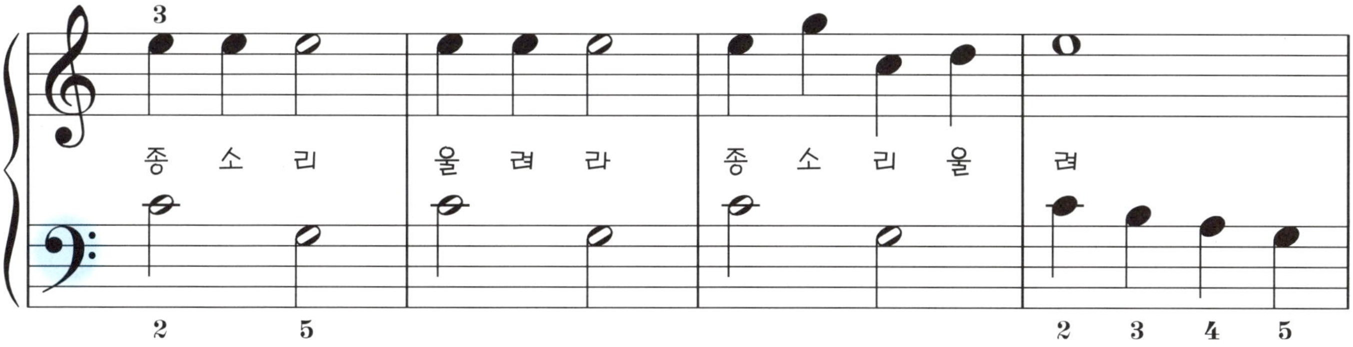

3
종 소 리 울 려 라 종 소 리 울 려
2 5 2 3 4 5

4 5 2
기 쁜 노 래 부 르 면 서 빨 리 달 리 자
3 5 2 3

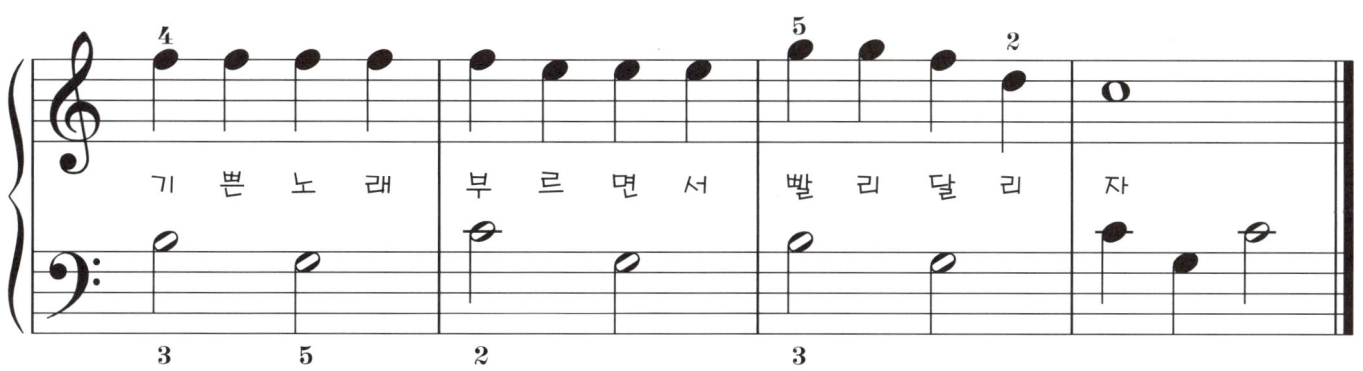

10. 노래 불러요

원철경 작사
유 원 작곡

Moderato (보통 빠르기로)

산 속 에 는 산 새 들 이 모 여 와 서 살 고 요

마 을 에 는 우 리 들 이 사 이 좋 게 살 지 요

산 속 에 - 선 산 새 들 - 이 노 래 하 고 요

마 을 에 선 우 리 들 이 노 래 불 러 요

Lesson 15 '사' 음자리

11. 바이엘 27번 변형

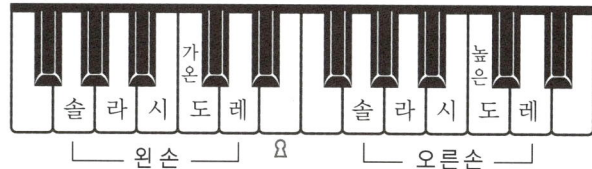

Moderato (보통 빠르기로)

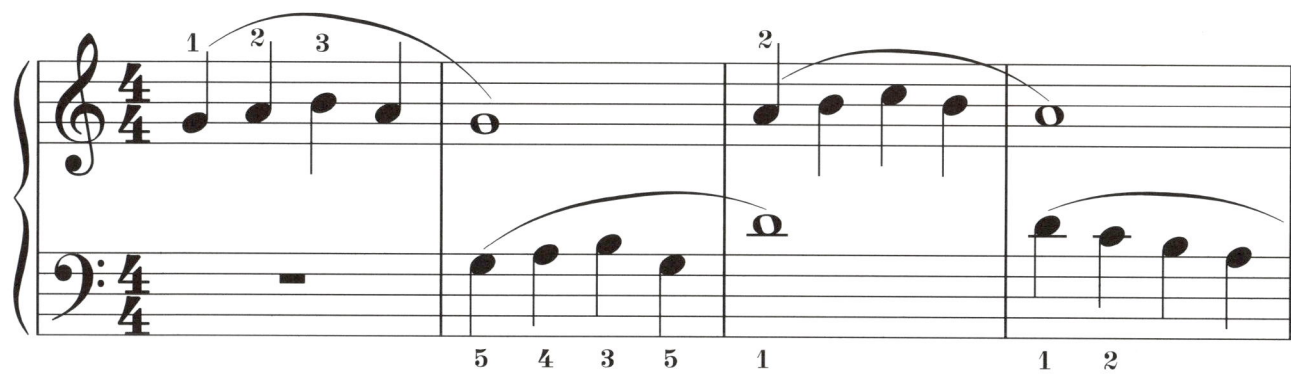

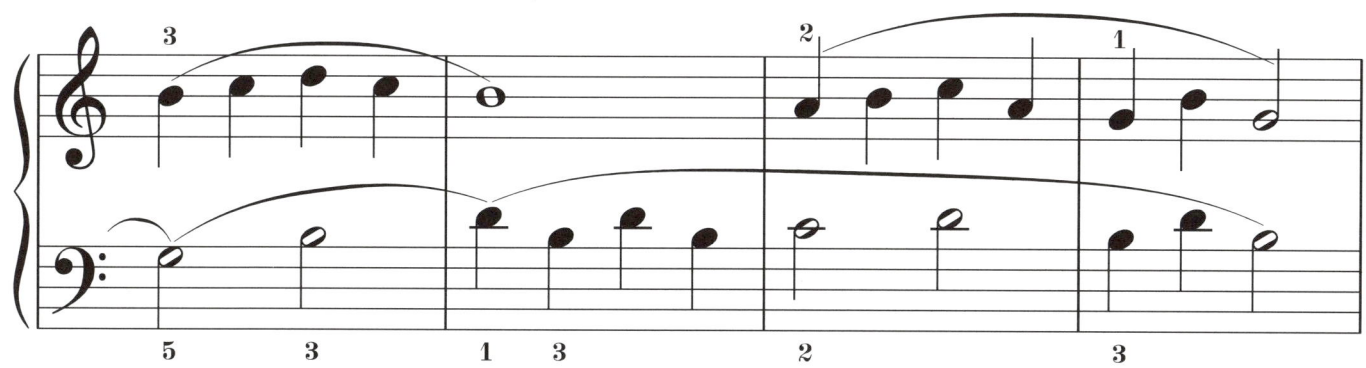

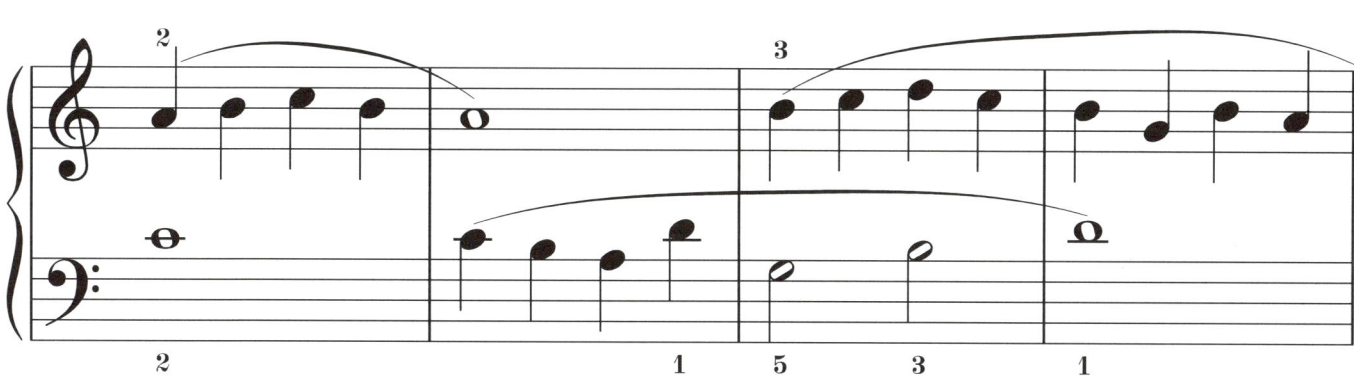

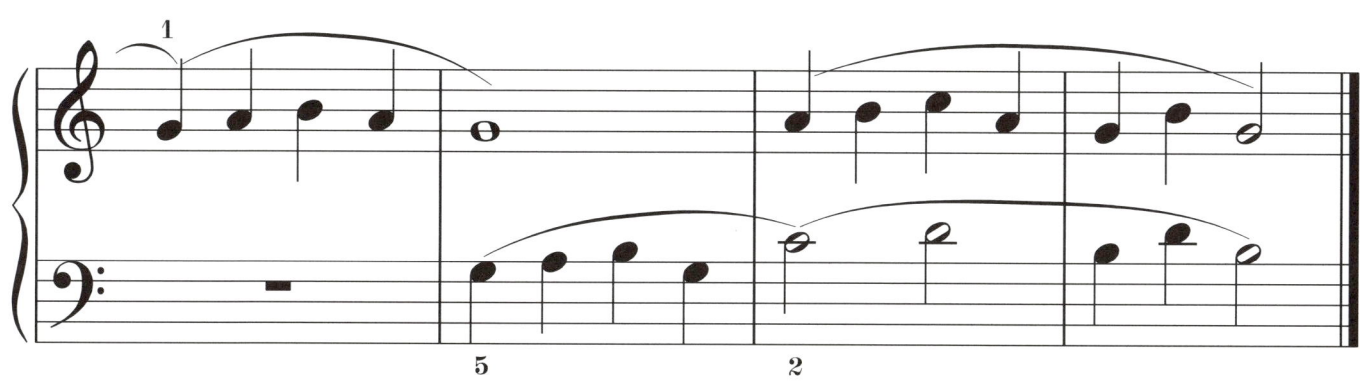

| 빠르기말 | 안단테
Andante —
느리게 | 안단티노
Andantino —
조금 느리게 | 모데라토
Moderato —
보통 빠르기로 | 알레그레토
Allegretto —
조금 빠르게 | 알레그로
Allegro
빠르게 |

체크 포인트

손목의 힘을 빼고 위아래로
움직여 보세요.
다음 곡을 칠 때 도움이
됩니다.

12. 바이엘 33번 변형

Andantino (조금 느리게)

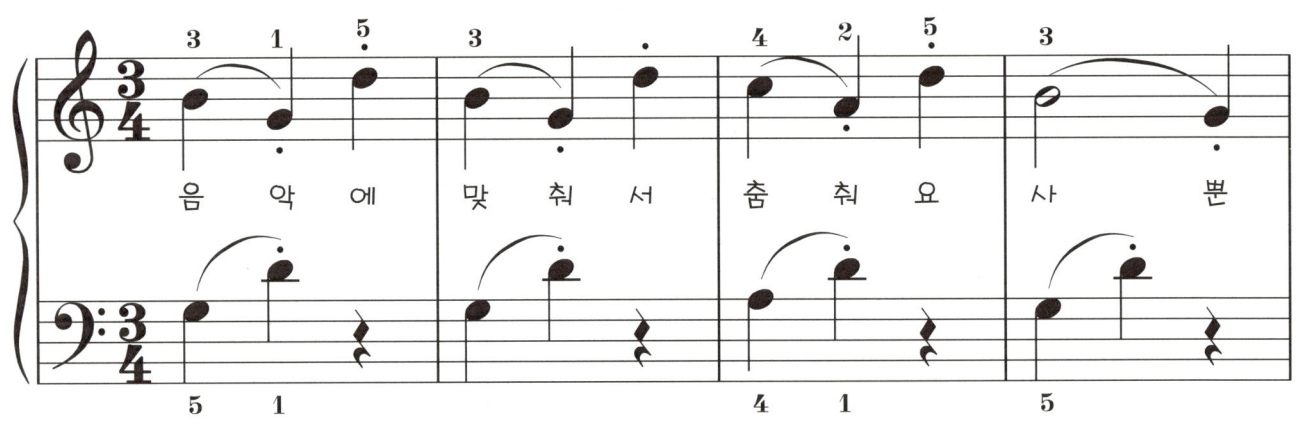

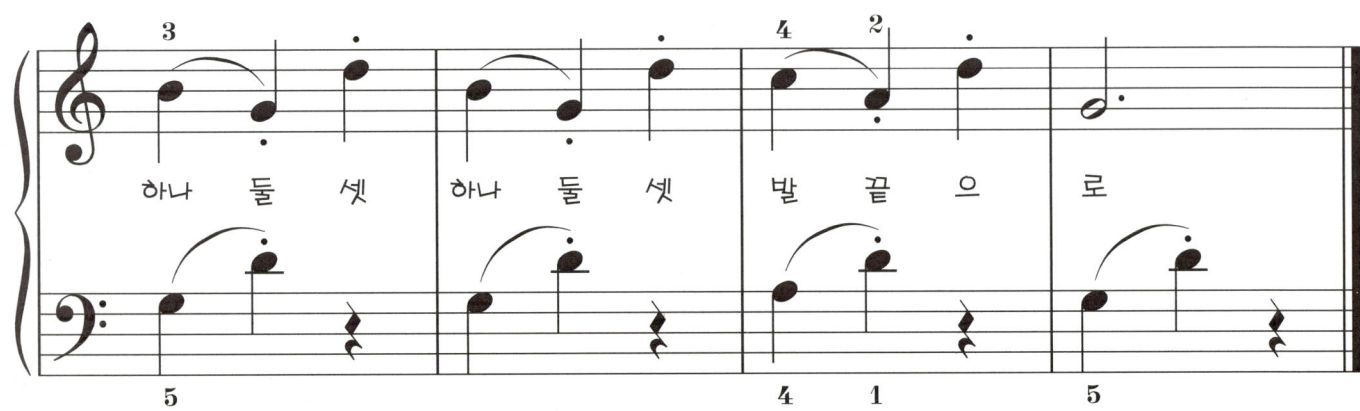

 이음줄과 스타카토를 구분해서 바르게 소리내도록 하세요.

16

13. 뱅글 뱅글

김규환 작사
김규환 작곡

Moderato (보통 빠르기로)

뱅 글 뱅 글 뱅 글 뱅 글 팽 이 가

뱅 글 뱅 글 쉬 지 않 고 돕 니 다 -

울 오 빠 도 팽 이 따 라 뱅 - 뱅 - 뱅 - 뱅

우 리 들 도 팽 이 따 라 뱅 뱅 뱅

Lesson 16 셈여림 익히기

14. 메아리

Moderato (보통 빠르기로)

바이엘 23번 변형

mp 귀 기 울 여　들 어 봐 요　무 슨 소 리　까?

1/5 *legato*
(부드럽게)

산 위 에 서　들 려 오 는　작 은 메 아　리

mp **(메조 피아노)** : 조금 여리게

15. 사냥꾼의 합창

Moderato (보통 빠르기로)

베버

저 숲 향해달려 가 보 자 언 덕 너 머 수 풀 사 이 로,

야 호! 말을타고 신 나 게 달 려 가 보 자

mf (메조 포르테) : 조금 세게

16. 냇가의 물레방아

Moderato (보통 빠르기로)

취리히

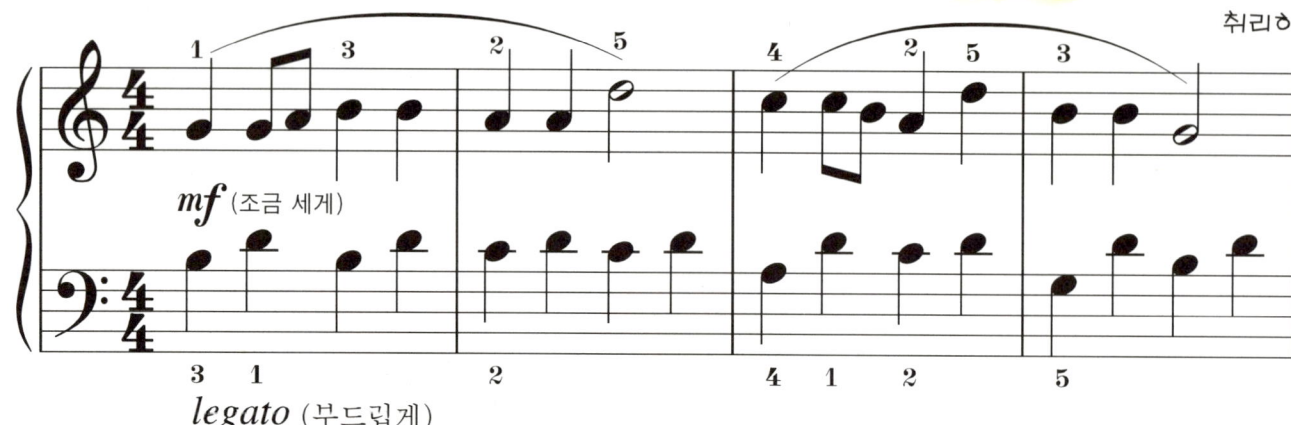

legato (부드립게)

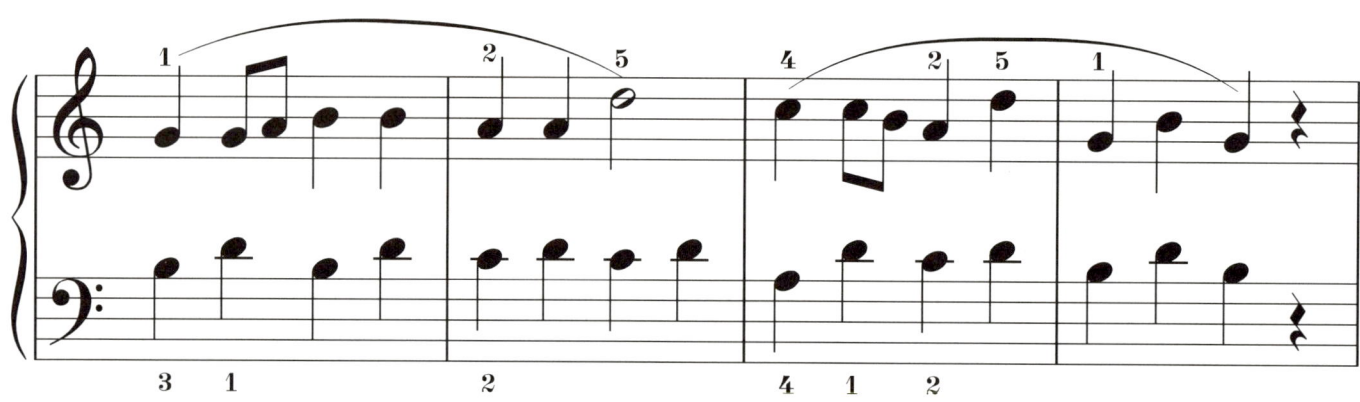

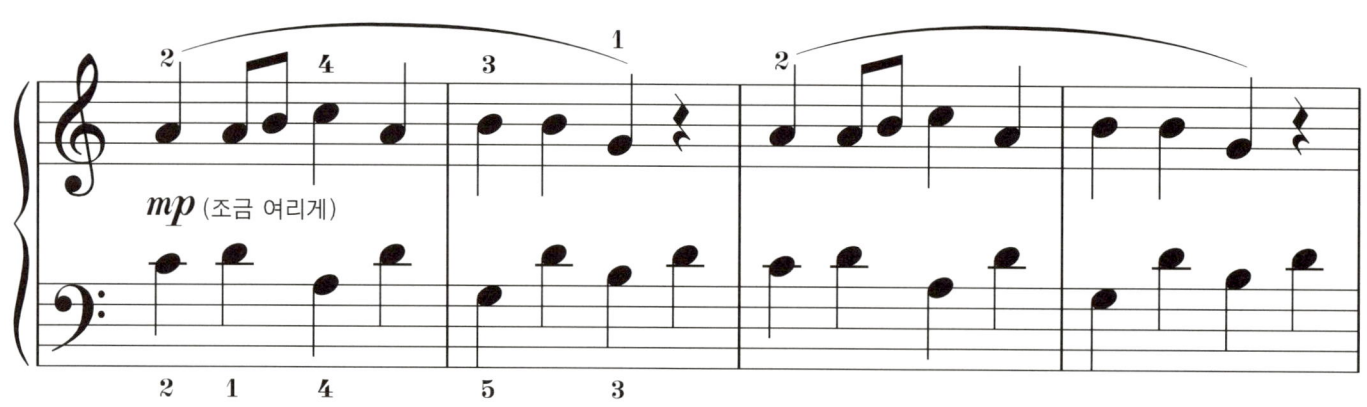

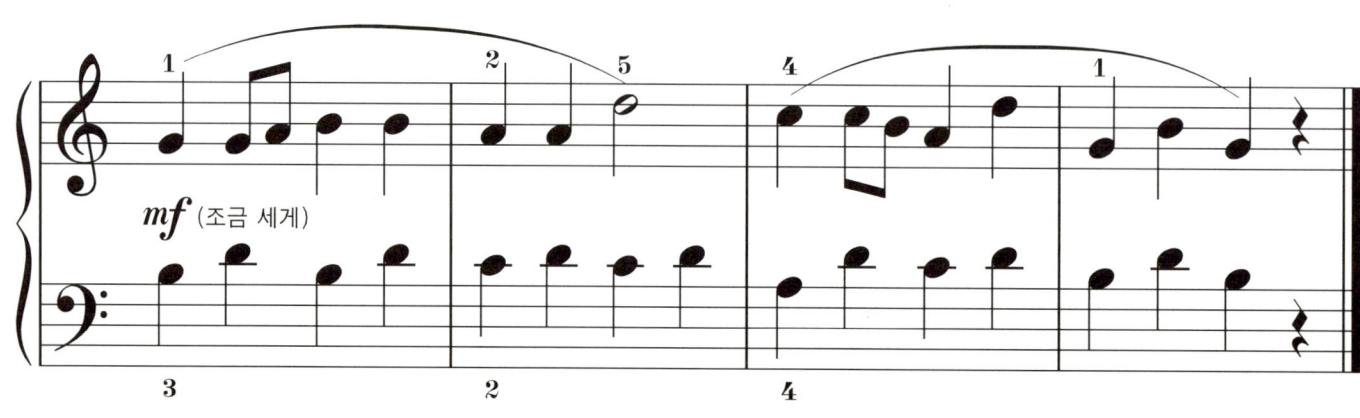

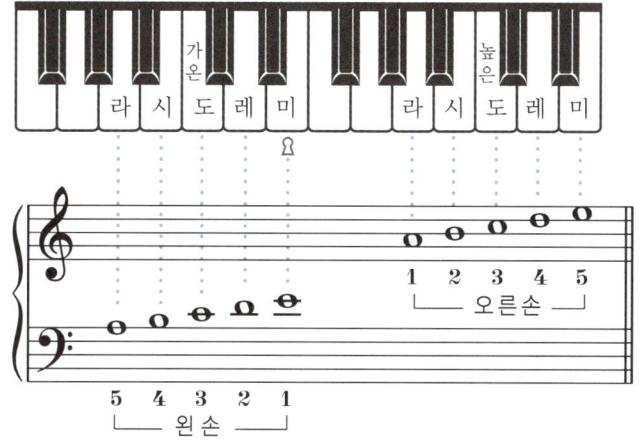

17. 바이엘 41번 변형

Moderato (보통 빠르기로)

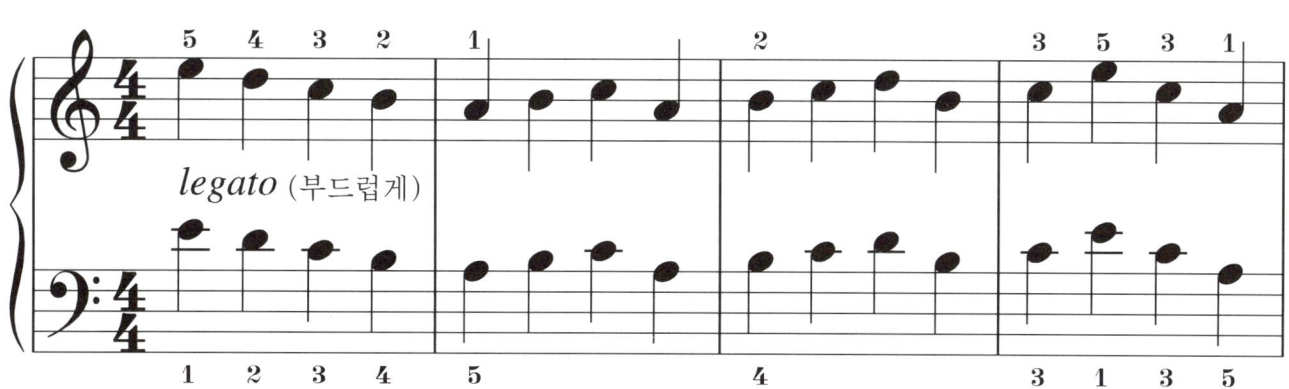

legato (부드럽게)

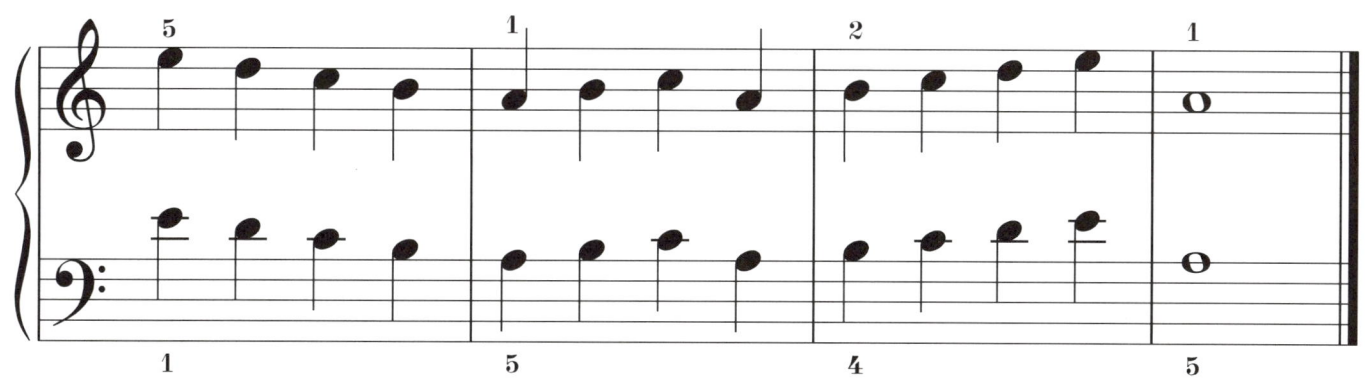

18. 바이엘 43번 변형

Moderato (보통 빠르기로)

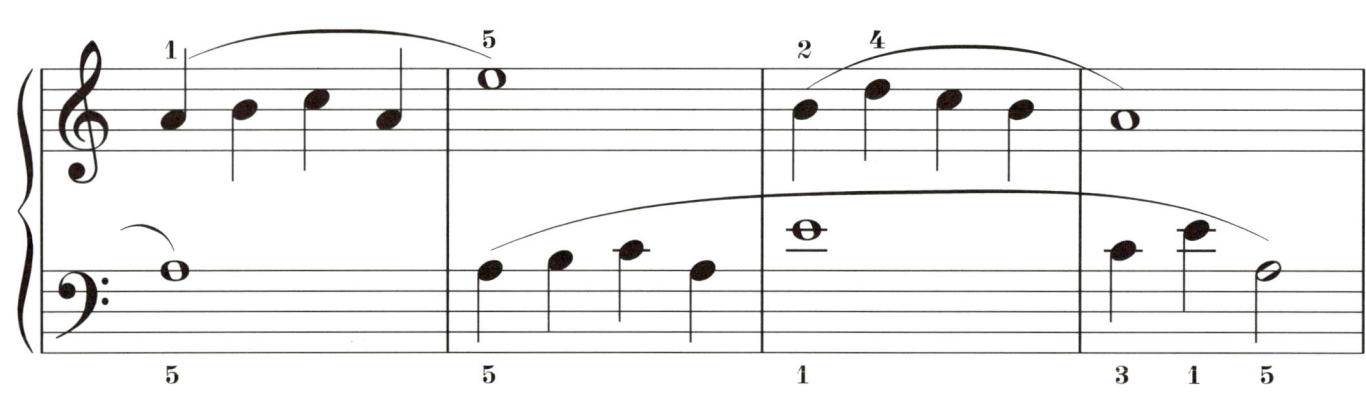

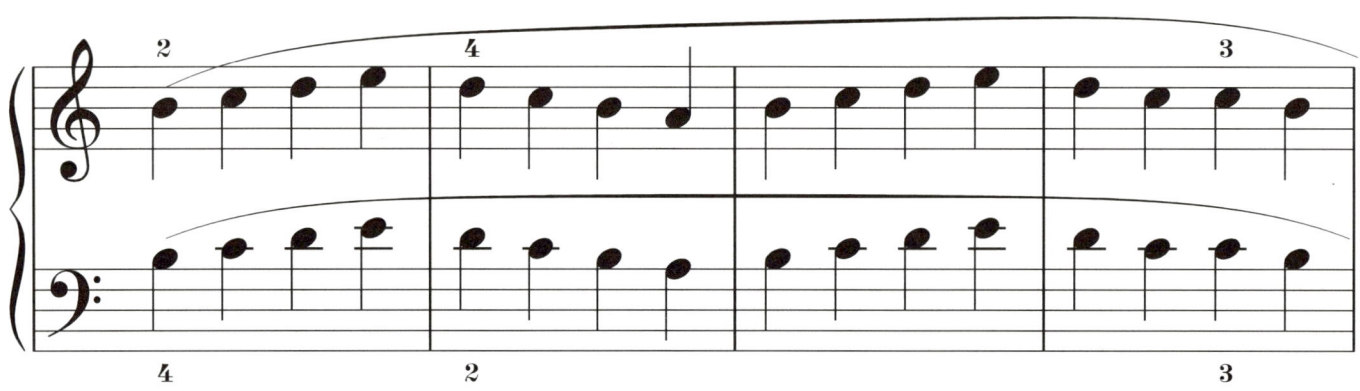

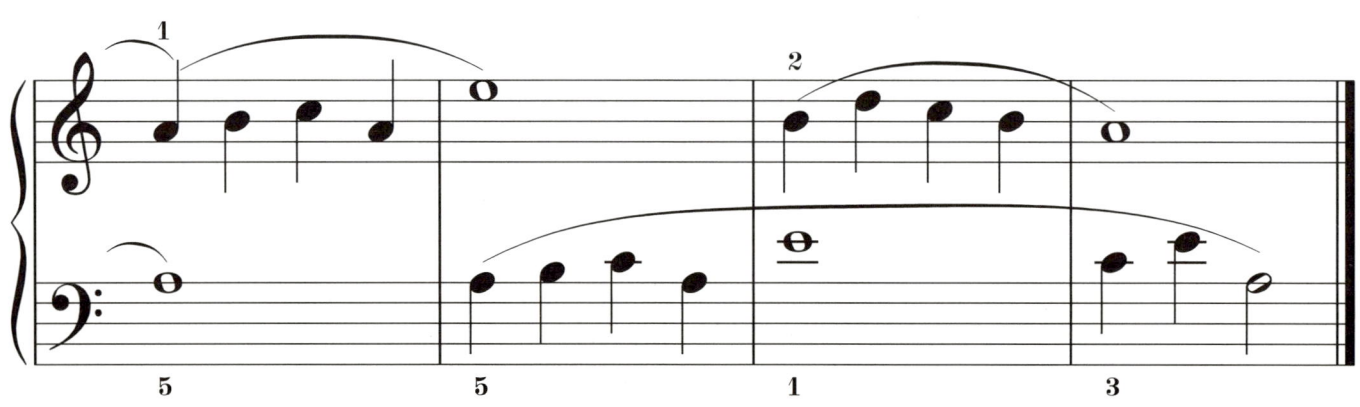

19. 바이엘 42번 변형

Andantino (조금 느리게)

20. 망치 소리

김규환 작사
김규환 작곡

Moderato (보통 빠르기로)

mf뚝 딱 뚝 딱 망치 소리 가 뚝 딱 뚝 딱 들려옵니다

mp냇 가 언덕 에서 망 치 아저씨 의mf뚝 딱 뚝 딱 망치 소 리 가

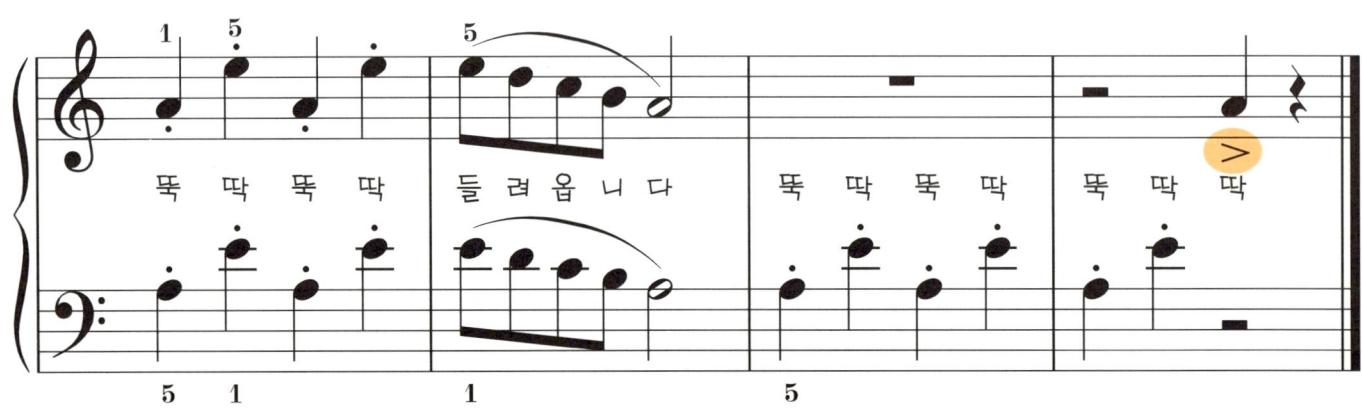

뚝 딱 뚝 딱 들 려옵니다 뚝 딱 뚝 딱 뚝 딱 딱

> **(악센트)** : 그 음을 특히 세게 칩니다.

24

Lesson 18 낮은 '도' 음자리

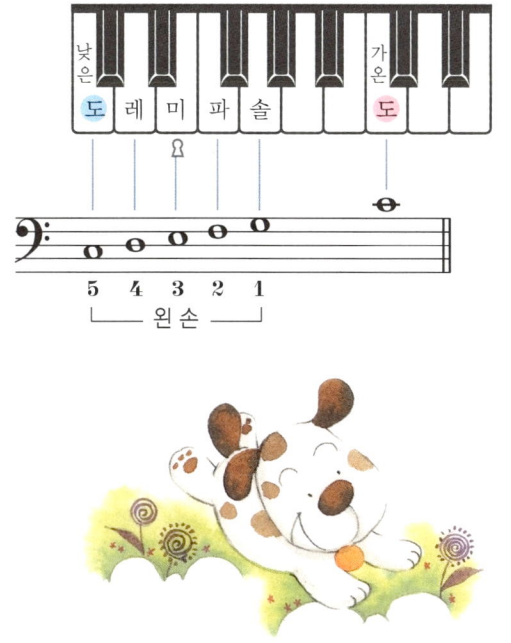

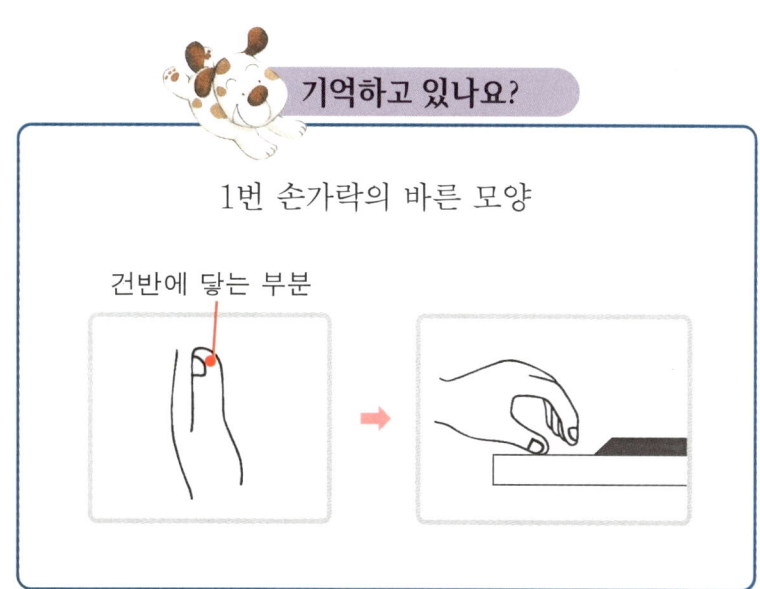

기억하고 있나요?

1번 손가락의 바른 모양

건반에 닿는 부분

21. 연 습 곡

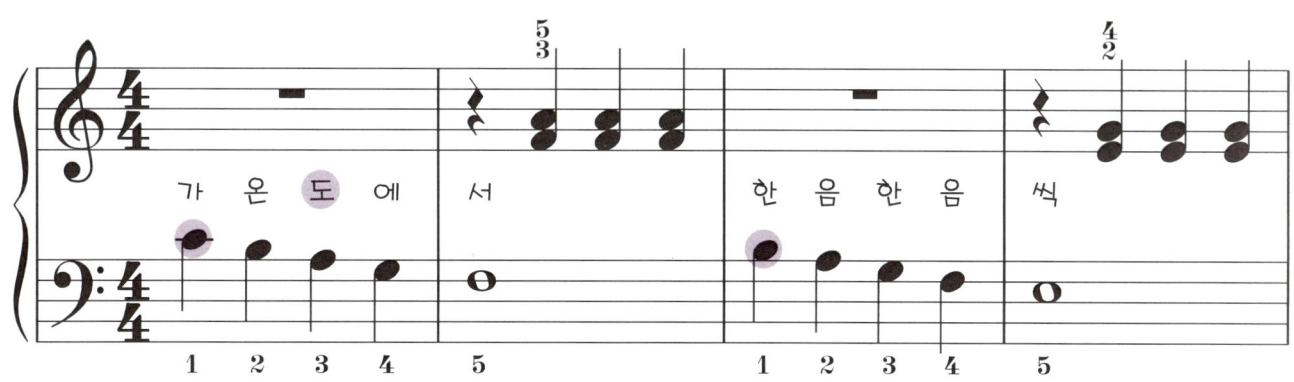

가 온 도 에 서 한 음 한 음 씩

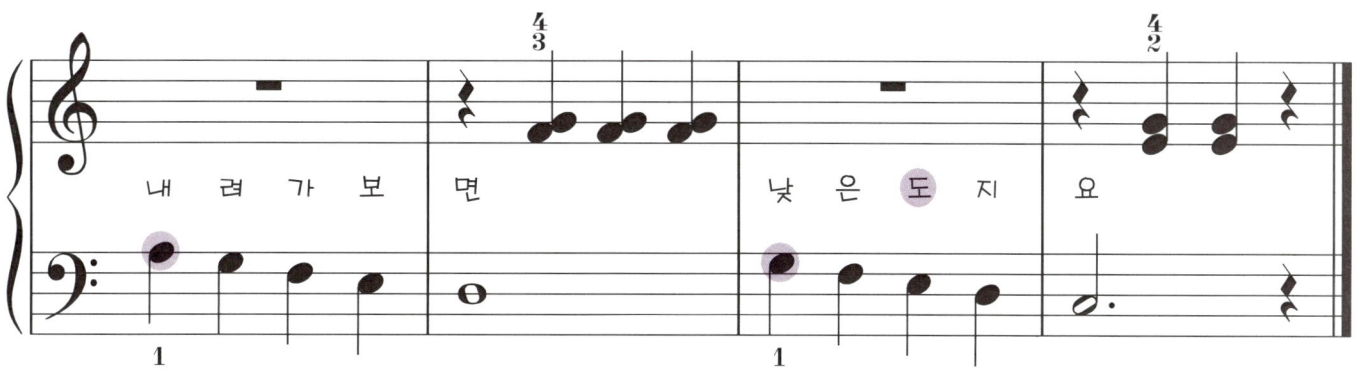

내 려 가 보 면 낮 은 도 지 요

지휘하면서 리듬 공부를 해 보세요.

어깨와 팔의 힘을 빼고
손목을 유연하게 하여
리듬이 익숙해 질 때까지
여러 번 해 보세요.

22. 바이엘 45번 변형

Moderato (보통 빠르기로)

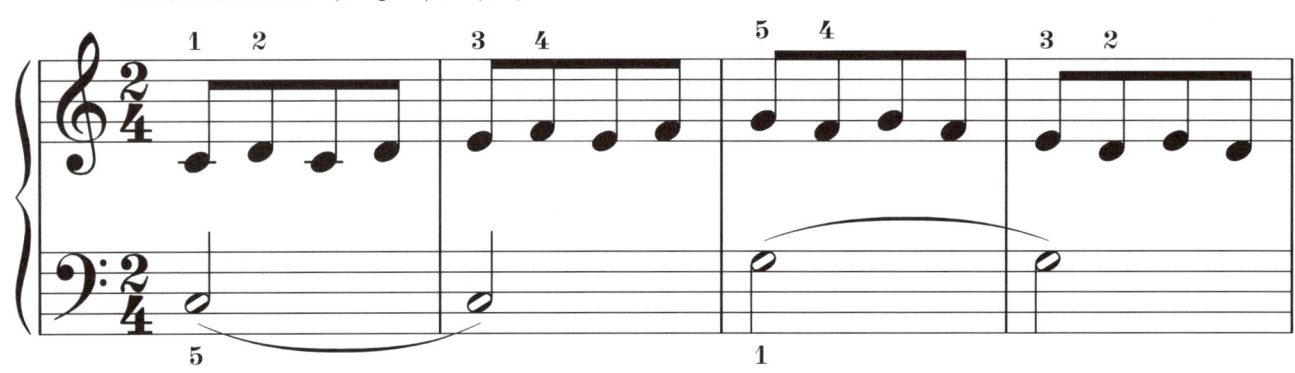

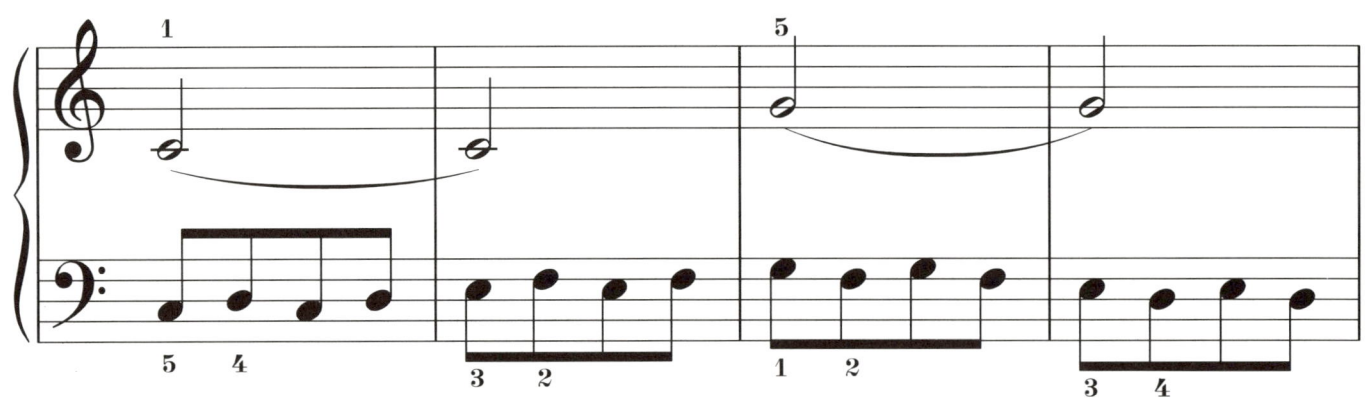

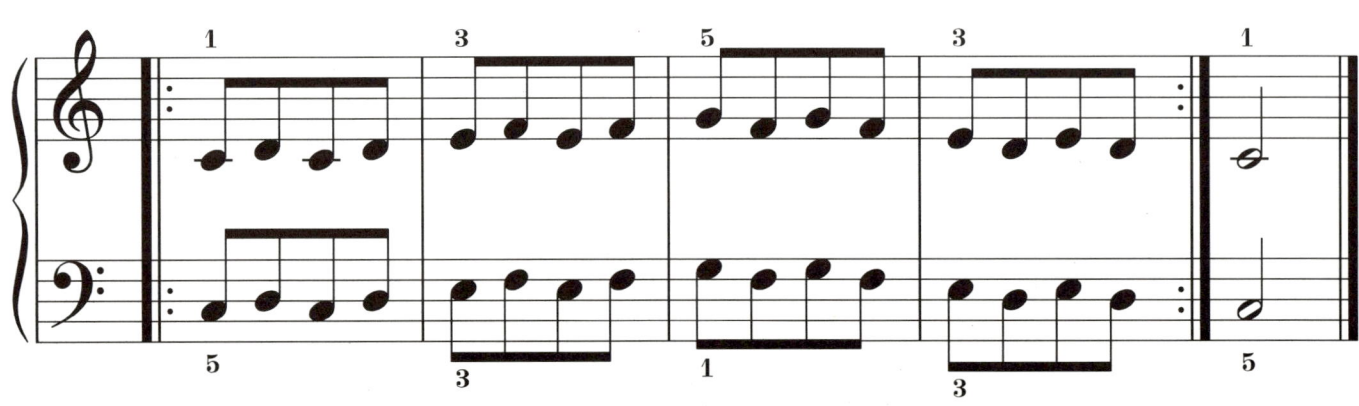

23. 청룡 열차

Moderato (보통 빠르기로)

디아벨리

청룡 열차 출발 한다 | 꼭 잡 아 라 | 하늘 향 해 점 점 위 로 | 올 라 갔 다

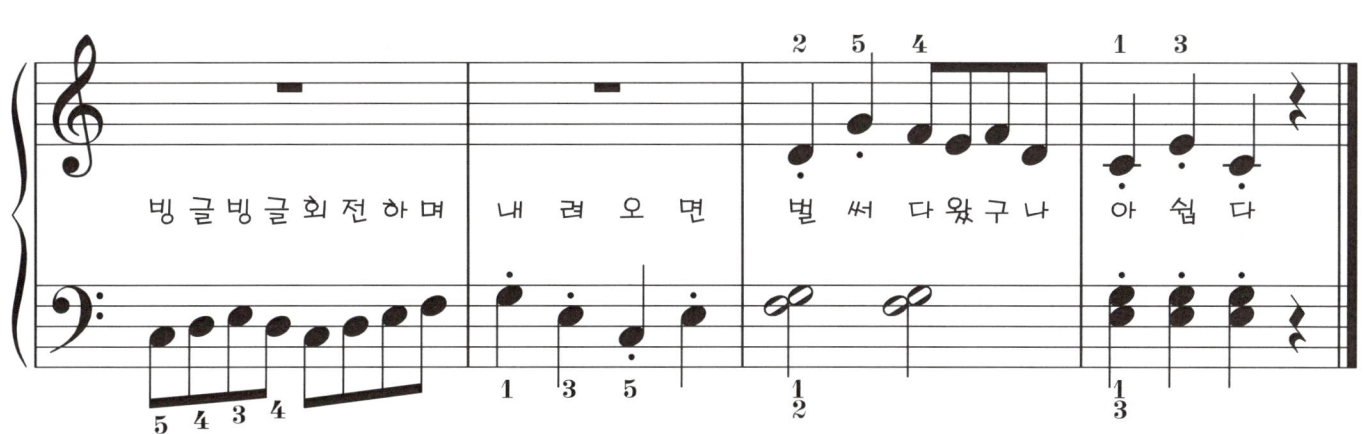

빙글 빙글 회 전 하며 | 내 려 오 면 | 벌 써 다 왔 구나 | 아 쉽 다

Lesson 19 손가락 넓히기

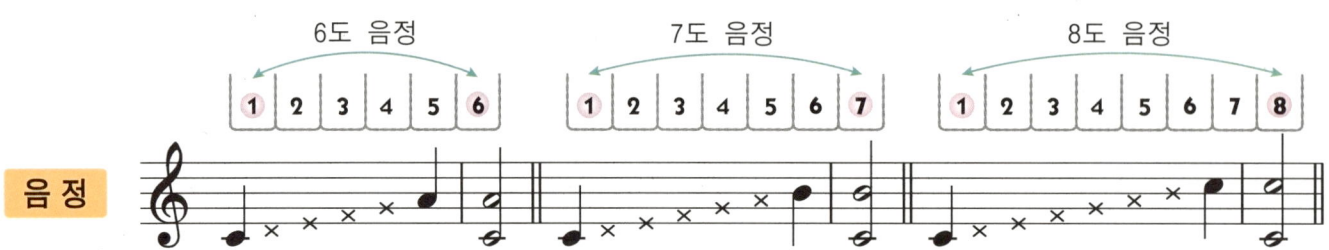

음정

24. 왈츠

왈츠 풍으로

외국 곡

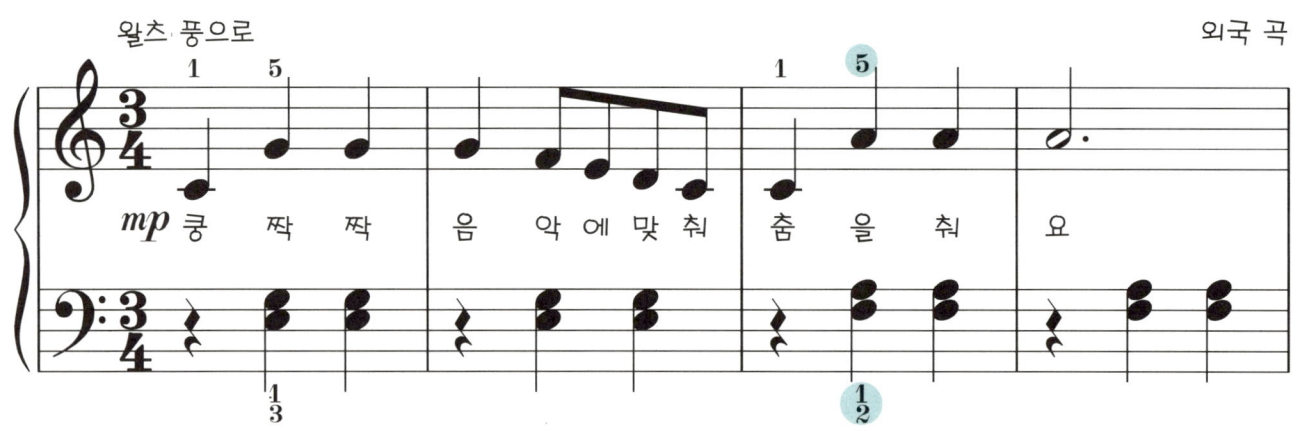

mp 쿵 짝 짝 음 악에맞춰 춤 을 춰 요

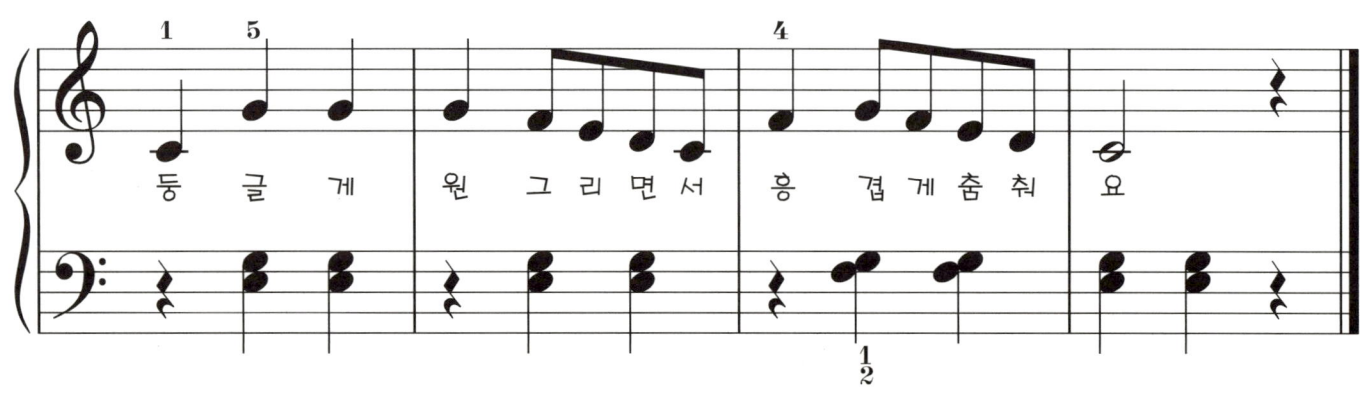

둥 글 게 원 그 리 면 서 흥 겹 게 춤 춰 요

🦟 왈츠 : 18세기 말경부터 오스트리아 바이에른 지방에서 발생한 보통빠르기의 $\frac{3}{4}$박자 춤곡.

25. 동물 농장

Moderato (보통 빠르기로)

프랑스 민요

오리 는 꽥 꽥 　 오리 는 꽥 꽥 　 염 소 매 매 　 염 소 매 매

돼 지 들 은 꿀 꿀 　 돼 지 들 은 꿀 꿀 　 소 는 음 매 　 소 는 음 매

26. 바이엘 49번 변형

Allegretto (조금 빠르게)

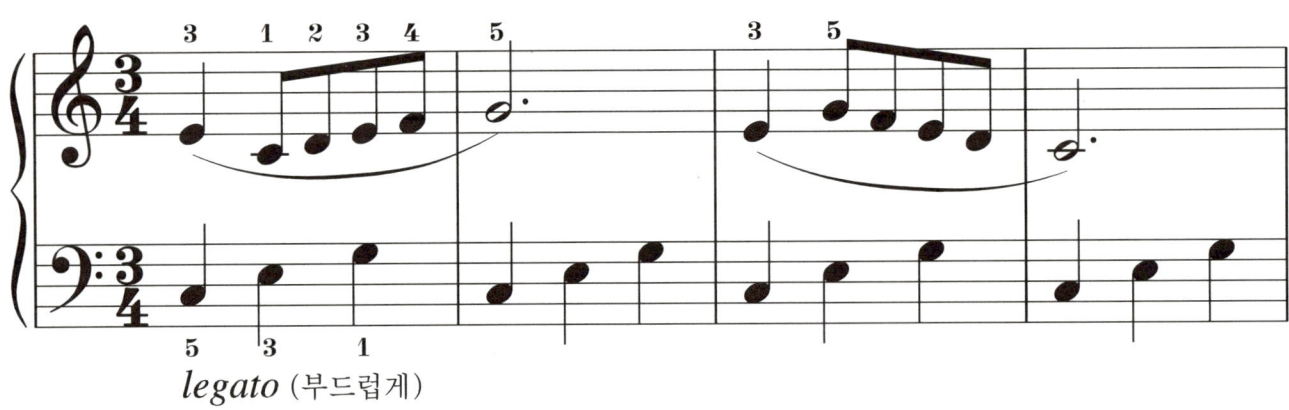

legato (부드럽게)

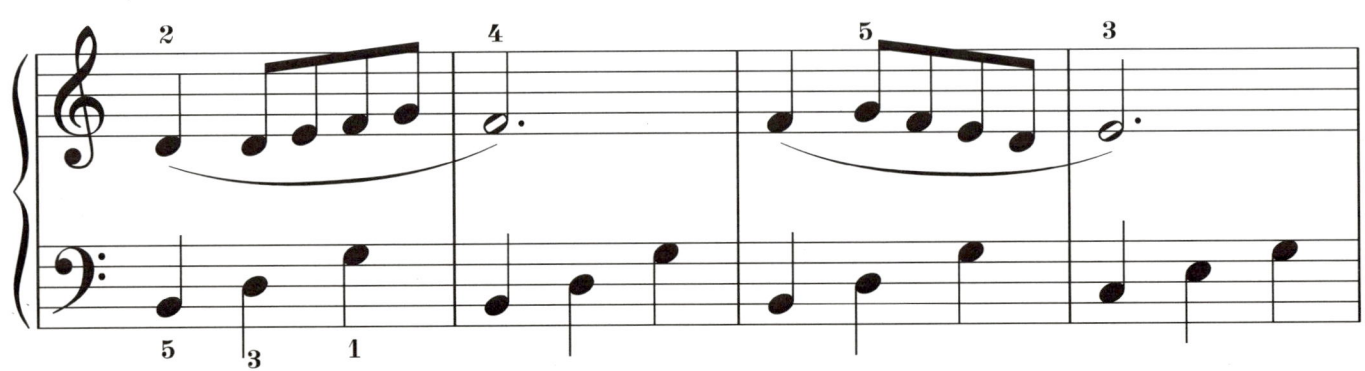

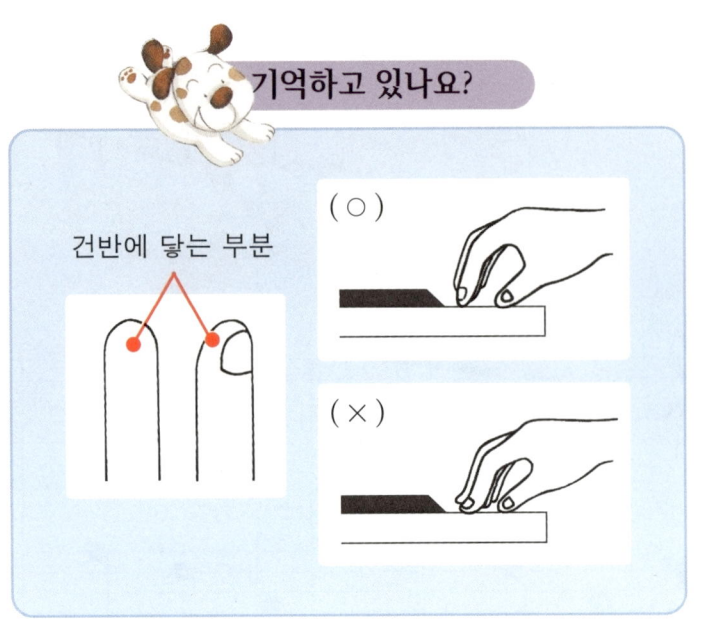

27. 통통통통

Moderato (보통 빠르기로)

지은이 미상

도 도 도 도　무릎입니다　레 레 레 레　배꼽입니다

미 미 미 미　가슴입니다　파 파 파 파　머리랍니다

솔 솔 솔 솔　손을무릎에　두 손을예쁘게　모아보세요

32

28. 회전 목마

오른손의 자리 이동

Moderato (보통 빠르기로)

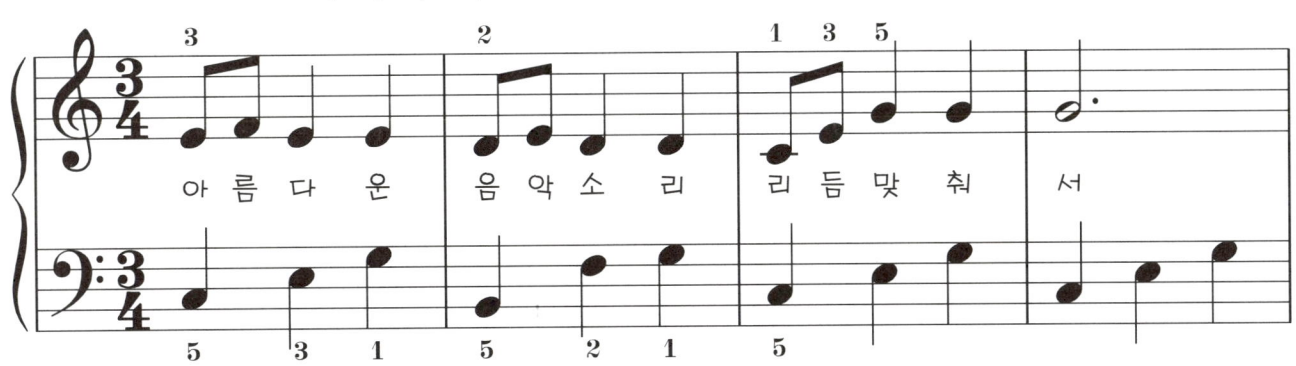

아름다운 음악소리 리듬맞춰 서

빙글빙글 돌아가는 예쁜목마 들

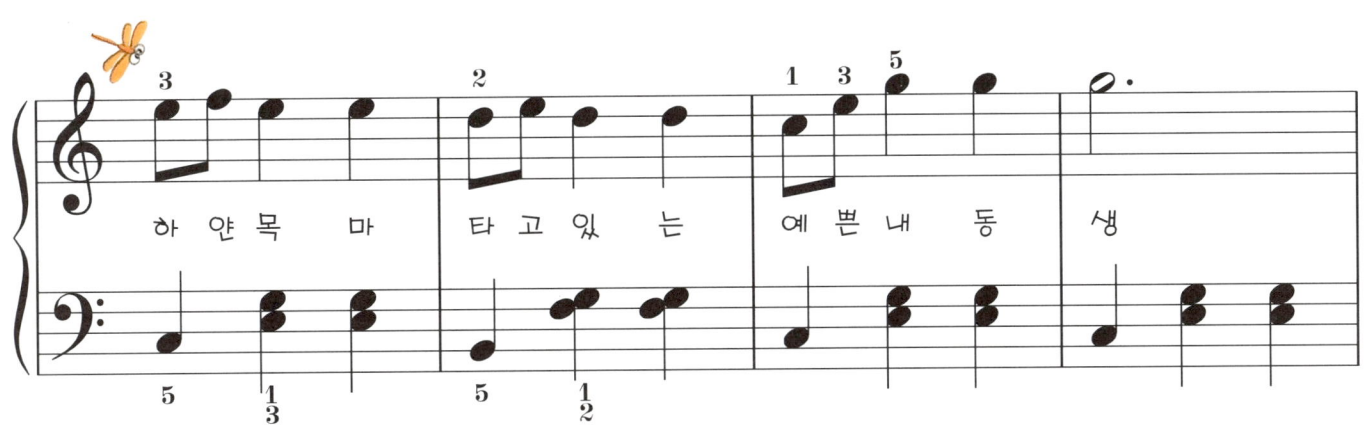

하얀목마 타고있는 예쁜내동 생

신이나서 싱글벙글 웃음지어 요

오른손의 자리가 1옥타브 위로 이동되었으므로
음자리를 바르게 찾도록 하세요.

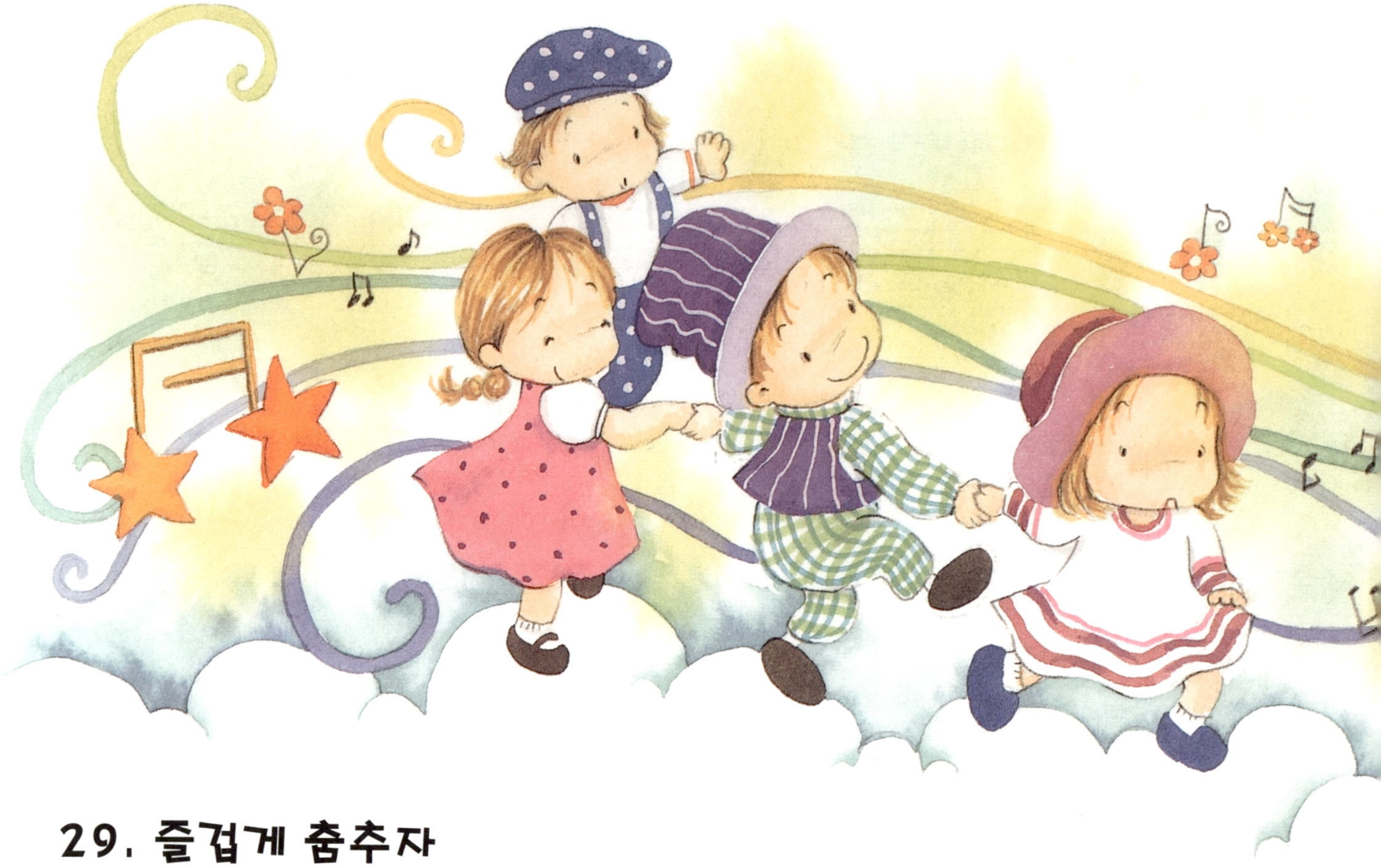

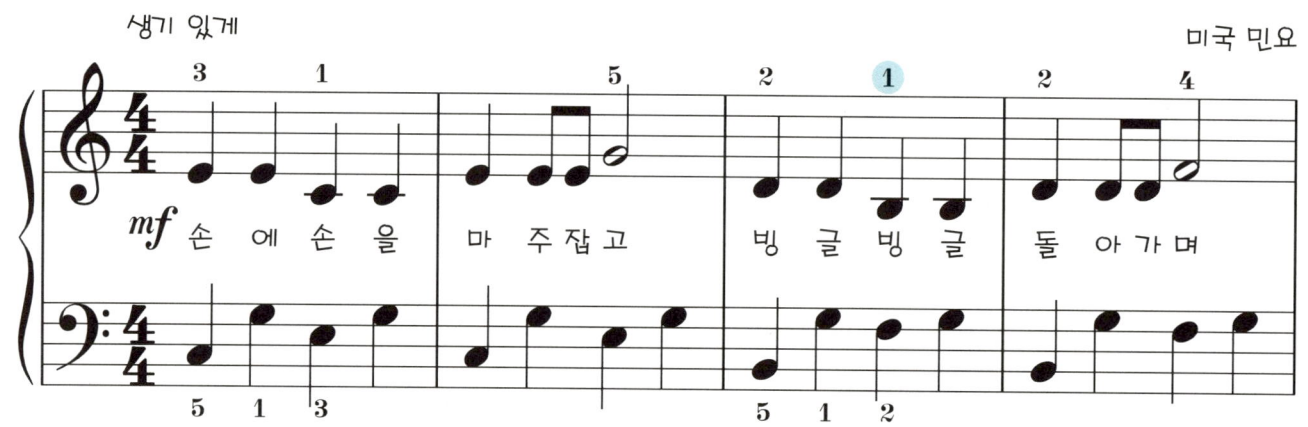

29. 즐겁게 춤추자

생기 있게

미국 민요

mf
손 에 손 을 마 주 잡 고 빙 글 빙 글 돌 아 가 며
모 두 함 께 춤 을 춰 요 즐 겁 게 춤 을 춰 요

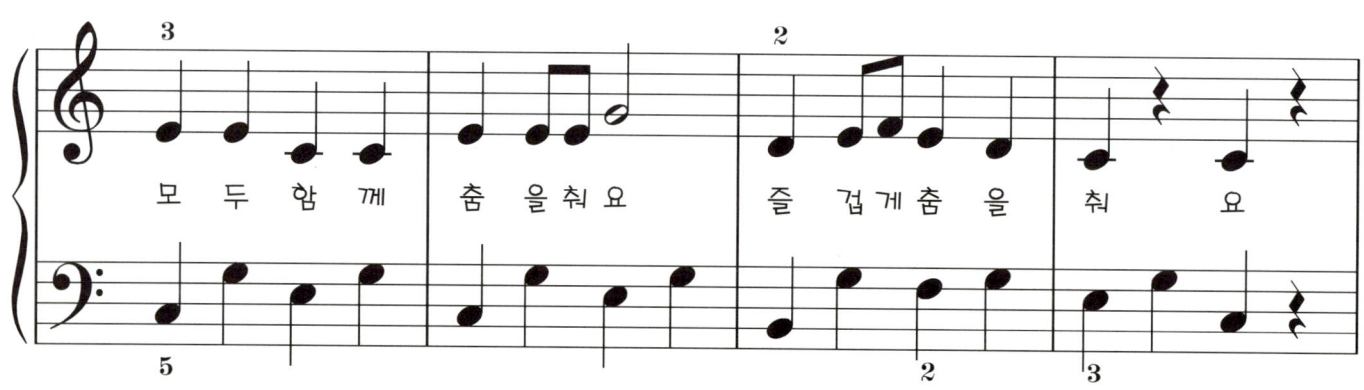

서로서로 마주보며 발맞춰서 춤을춰요

빙글빙글 돌아가며 즐겁게춤을 춰 요

35

Lesson 20 점4분음표

점4분음표

♩.

1½박

4분음표(♩)와 8분음표(♪)를 더한 길이입니다.

♩. = ♩ + ♪

30. 징검다리

Moderato (보통 빠르기로)

영국 민요

누 가누 가   놓았 나   조 그 만   돌 다 리

깡 총깡 총   건 너 는   징   검   다 리

🪰 오른손의 4번 손가락과 5번 손가락을 바르게 세워서 치세요.

31. 바이엘 48번 변형

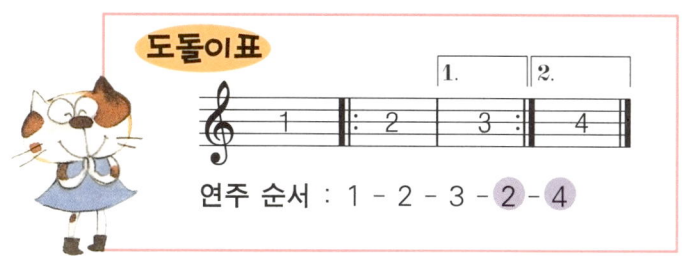
도돌이표

연주 순서 : 1 - 2 - 3 - 2 - 4

Allegretto (조금 빠르게)

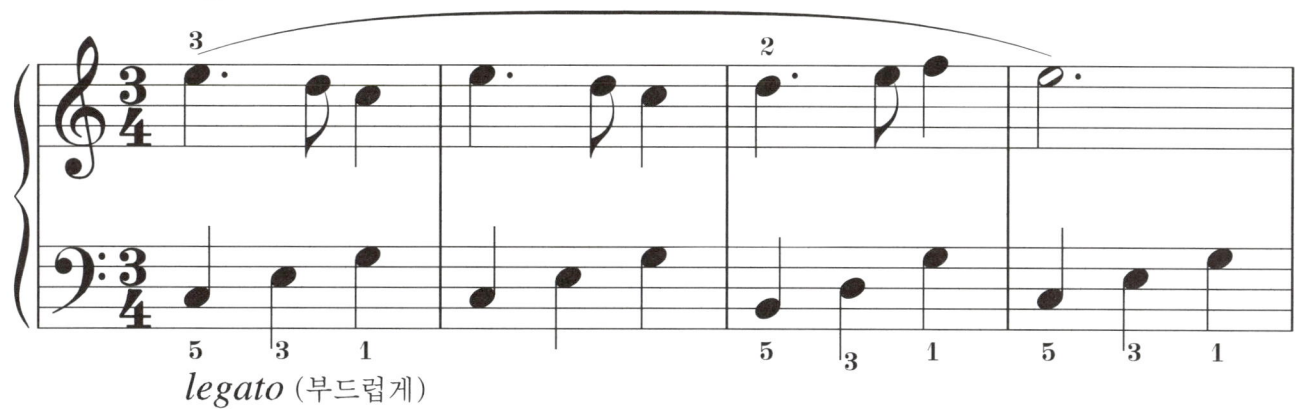

legato (부드럽게)

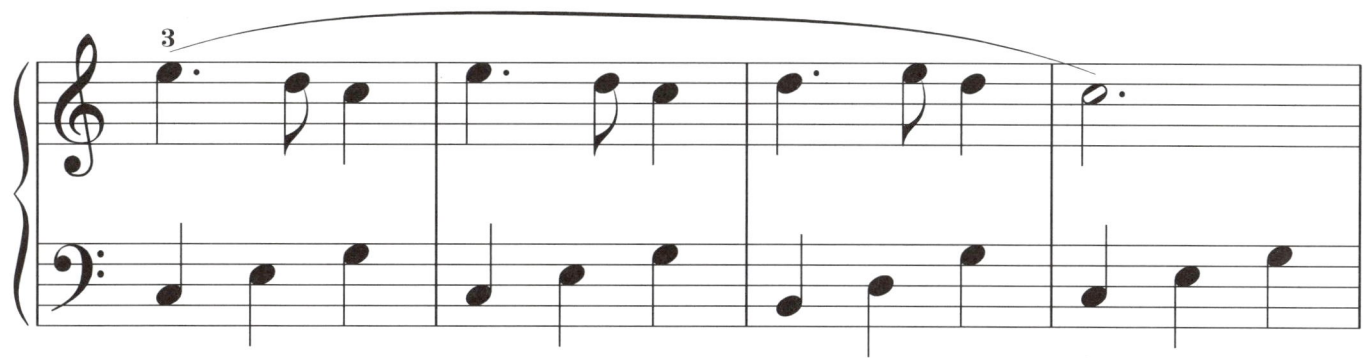

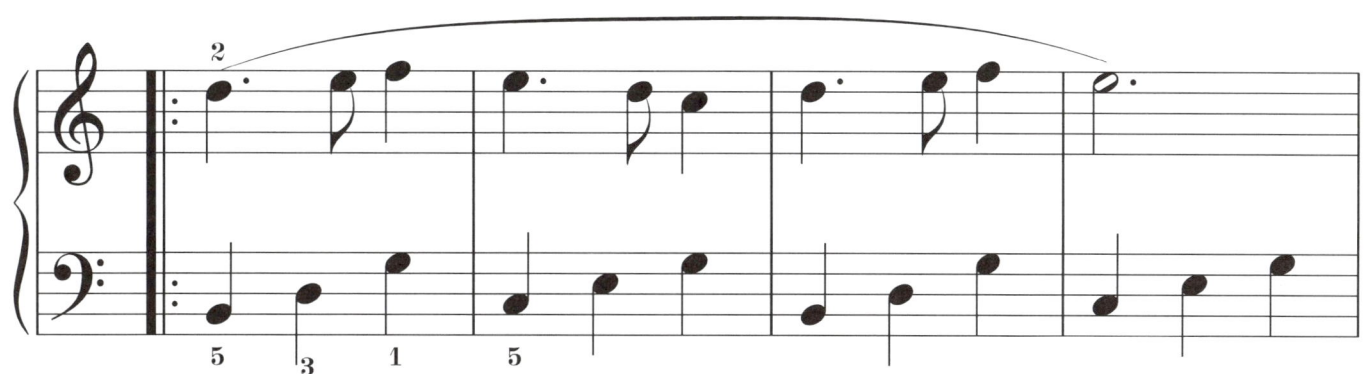

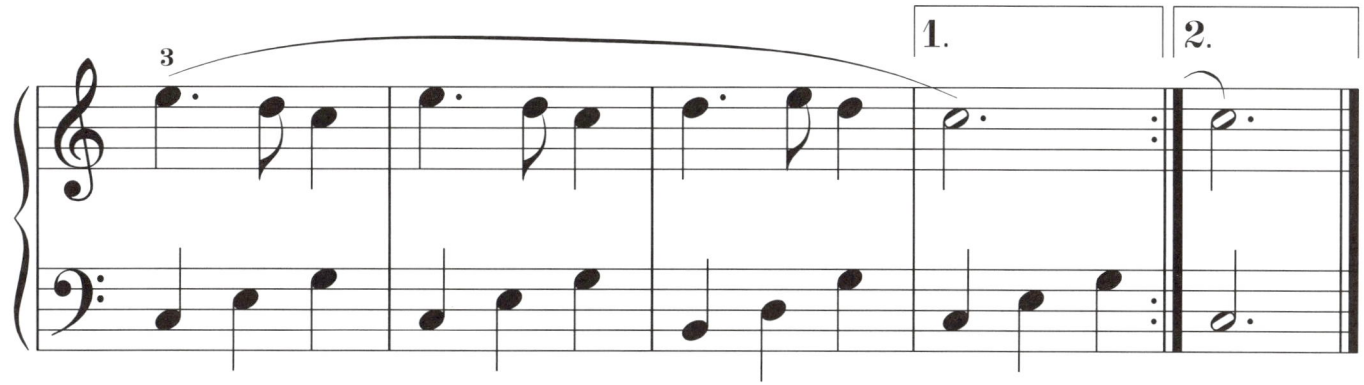

32. 깊고 넓은 강물

Allegretto (조금 빠르게)

깊 고 도 넓 고 도 깊 고 넓 은 강물으르 네

깊 고 도 넓 고 도 깊 고 넓 은 강물으르 네

33. 바이엘 55번 변형

Moderato (보통 빠르기로)

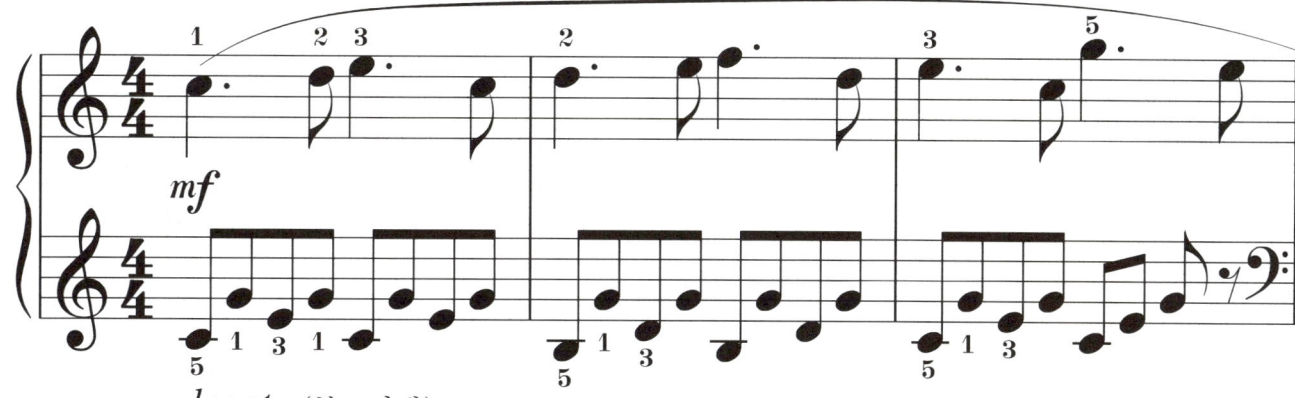

legato (부드럽게)

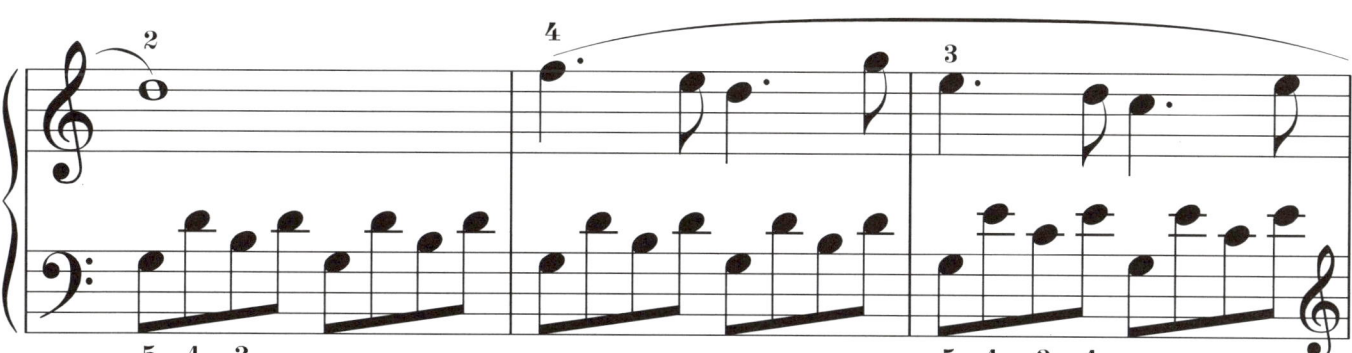

Fine
(마침)

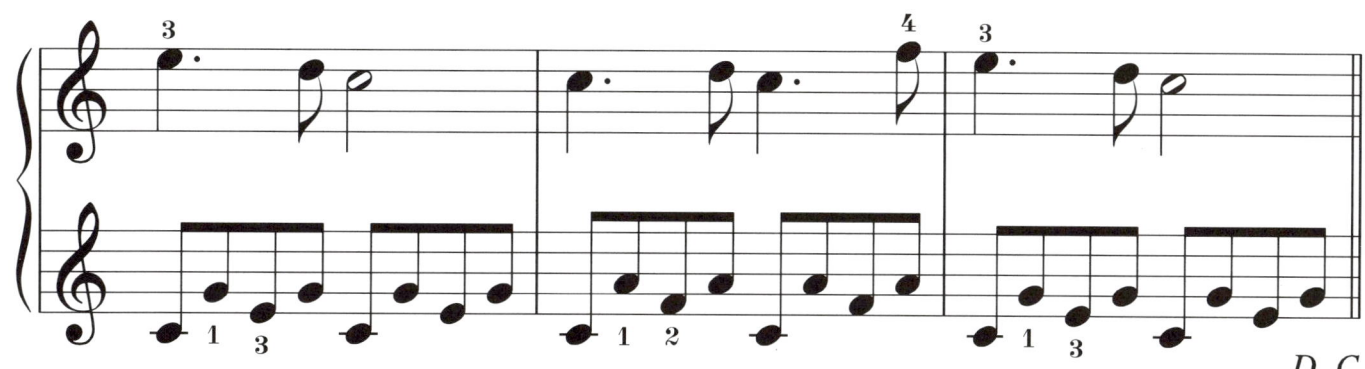

D. C.
(처음으로 돌아가서
Fine에서 마침)

34. 바이엘 54번

선생님께

처음에는 세게(*f*) 치고, 두 번째 반복할 때는
여리게(*p*) 치도록 하여 셈여림의 변화를
느끼도록 해 주세요.

f (포르테) : 세게　　　*p* (피아노) : 여리게

35. 바이엘 53번 변형

Comodo (알맞은 빠르기로)

mf (조금 세게)

36. 종이 접기

유경숙 작사
김봉학 작곡

Moderato (보통 빠르기로)

mp 색 종 이 를　곱 - 게　접 어 서

물 감 으 로　예 쁘 게　색 칠 하 고

mf 알 록 달 록　오 색 실　꼬 리 달 아

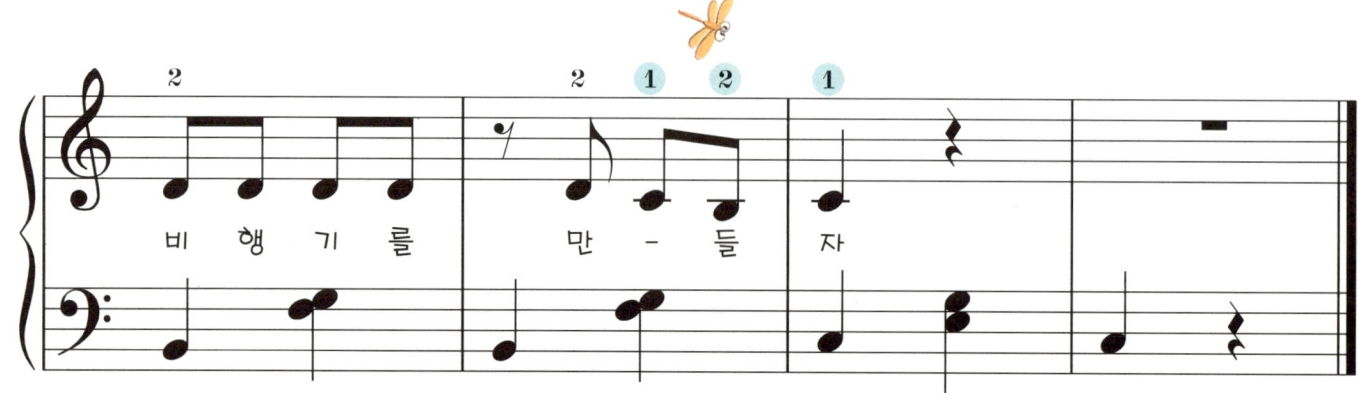

비 행 기 를　만 - 들　자

1번 손가락 위로 다른 손가락이 넘어올 때, 손목과 팔을 지나치게 움직이지 않도록 합니다.
이때 1번 손가락은 조금 세워서 치세요.

Lesson 22 다장조 음계

★ 다장조 음계는 '다'음을 으뜸음으로 한 장조 음계입니다.

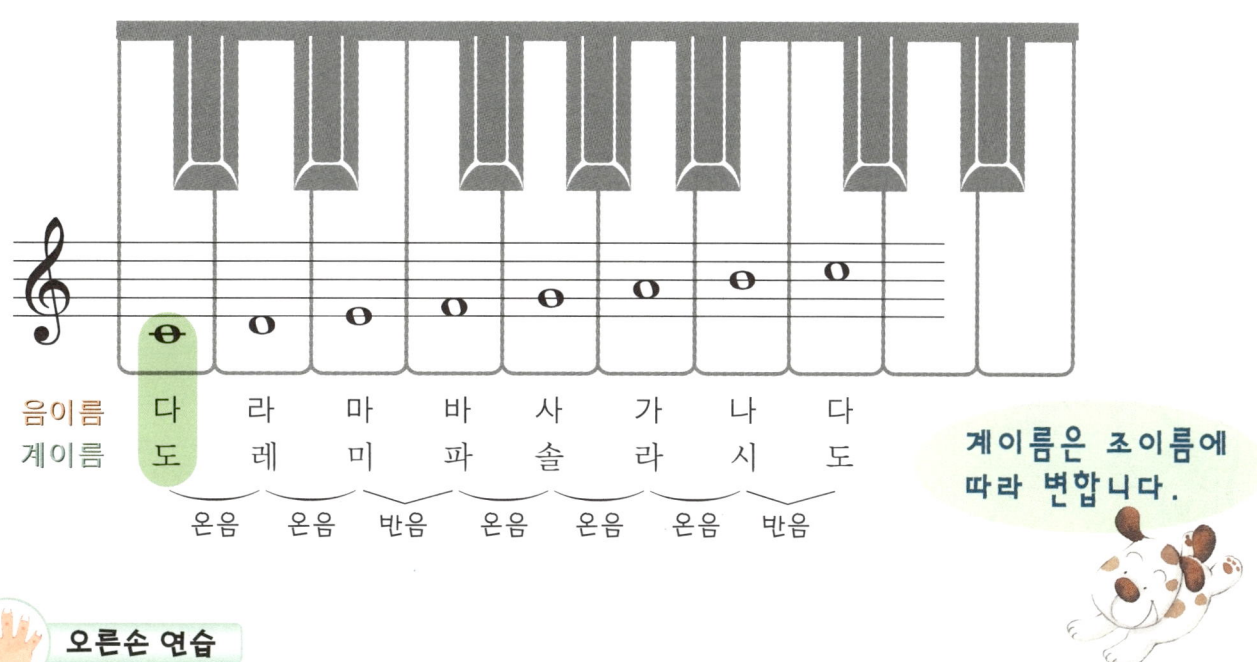

음이름	다	라	마	바	사	가	나	다
계이름	도	레	미	파	솔	라	시	도

온음　온음　반음　온음　온음　온음　반음

계이름은 조이름에 따라 변합니다.

 오른손 연습

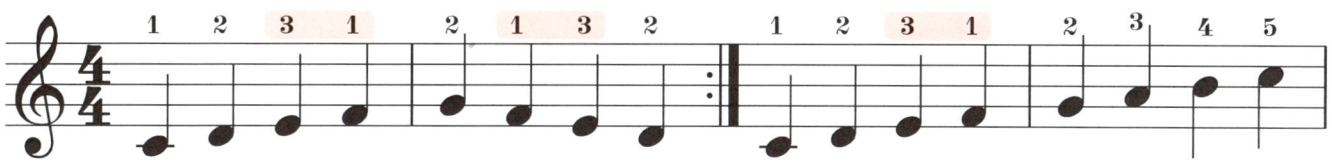

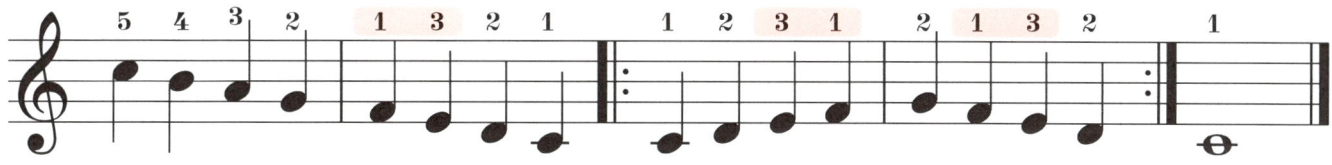

 왼손 연습

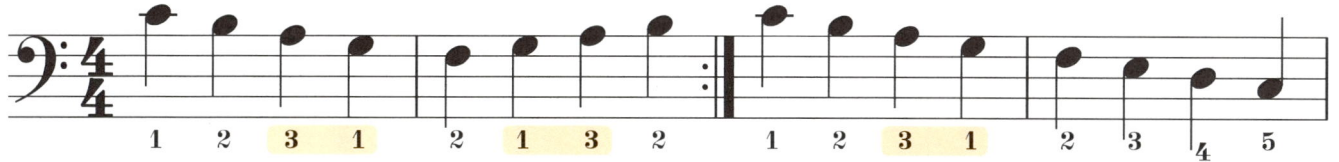

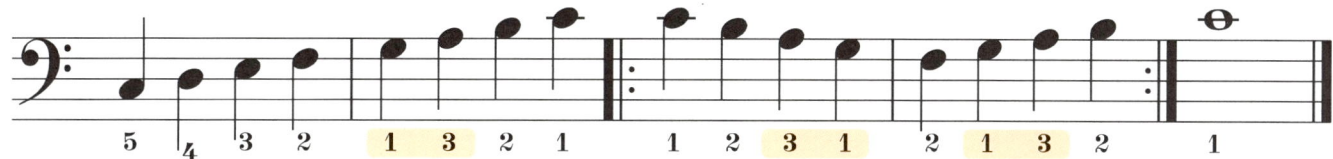

★ 음계를 원활하게 치기 위한 연습

다음과 같이 손모양을 고정시킨 상태에서
1번 손가락만 가볍게 넣었다 뺐다를
반복해 주세요.

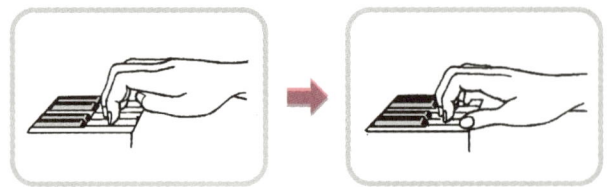

37. 저 들 밖에 한밤중에

Andantino (조금 느리게)

프랑스 캐롤

저 - 들 - 밖 - 에 한 - 밤 - 중

legato (부드럽게)

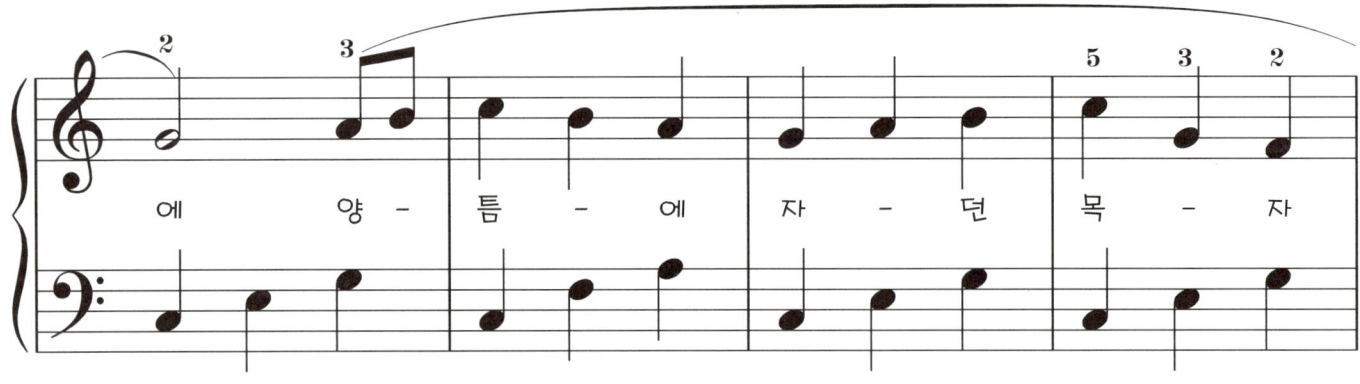

에 양 - 틈 - 에 자 - 던 목 - 자

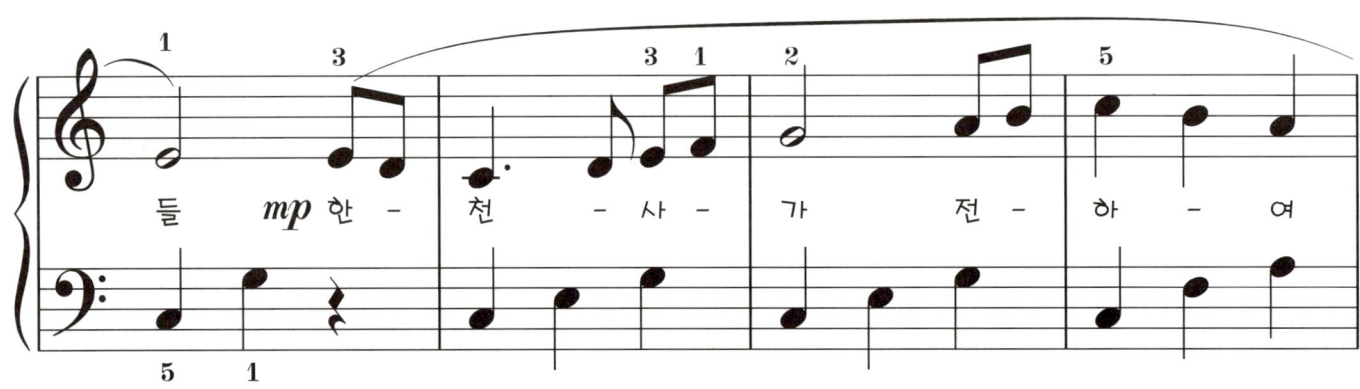

들 *mp* 한 - 천 - 사 - 가 전 - 하 - 여

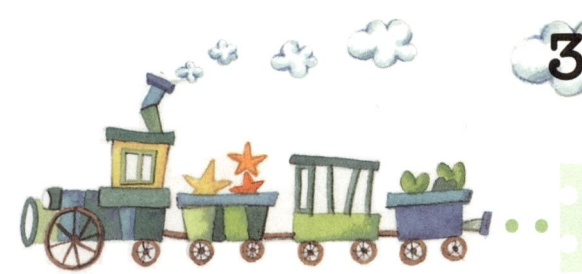

3 화 음

3화음은 3개의 음을 쌓아 만든 화음입니다.

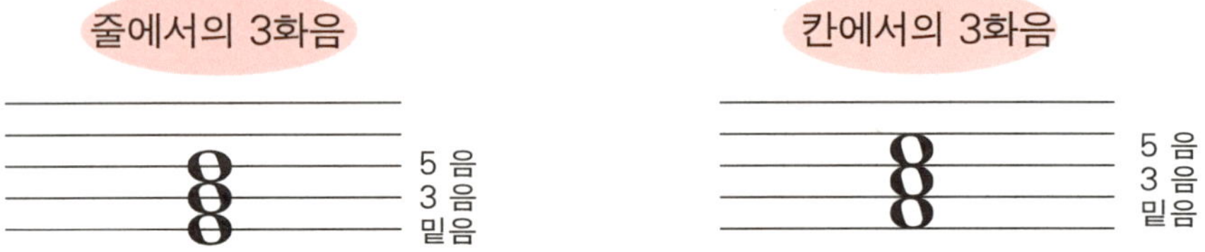

줄에서의 3화음
5 음
3 음
밑음
칸에서의 3화음
5 음
3 음
밑음

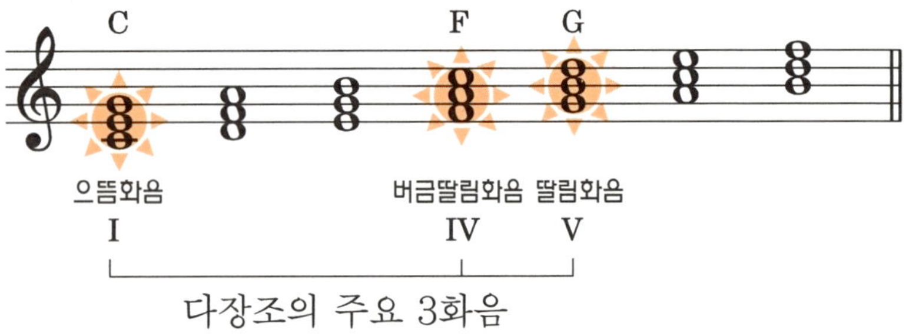

C
F
G
으뜸화음
버금딸림화음
딸림화음
I
IV
V
다장조의 주요 3화음

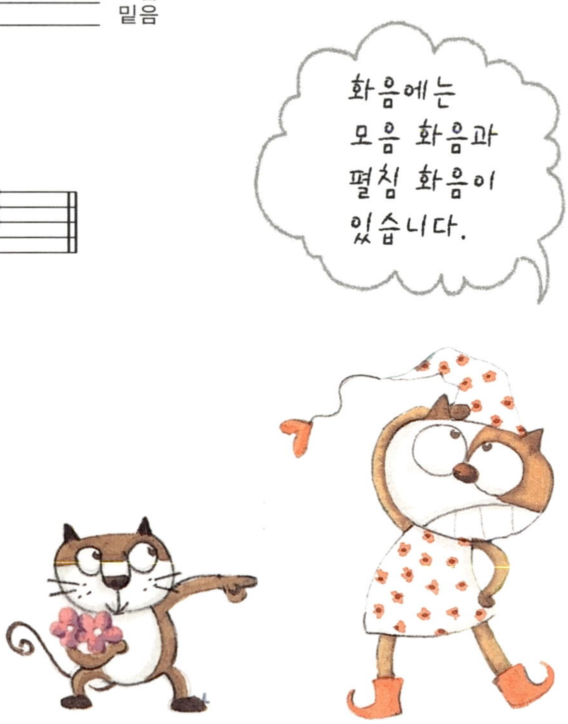

화음에는
모음 화음과
펼침 화음이
있습니다.

왼손 연습

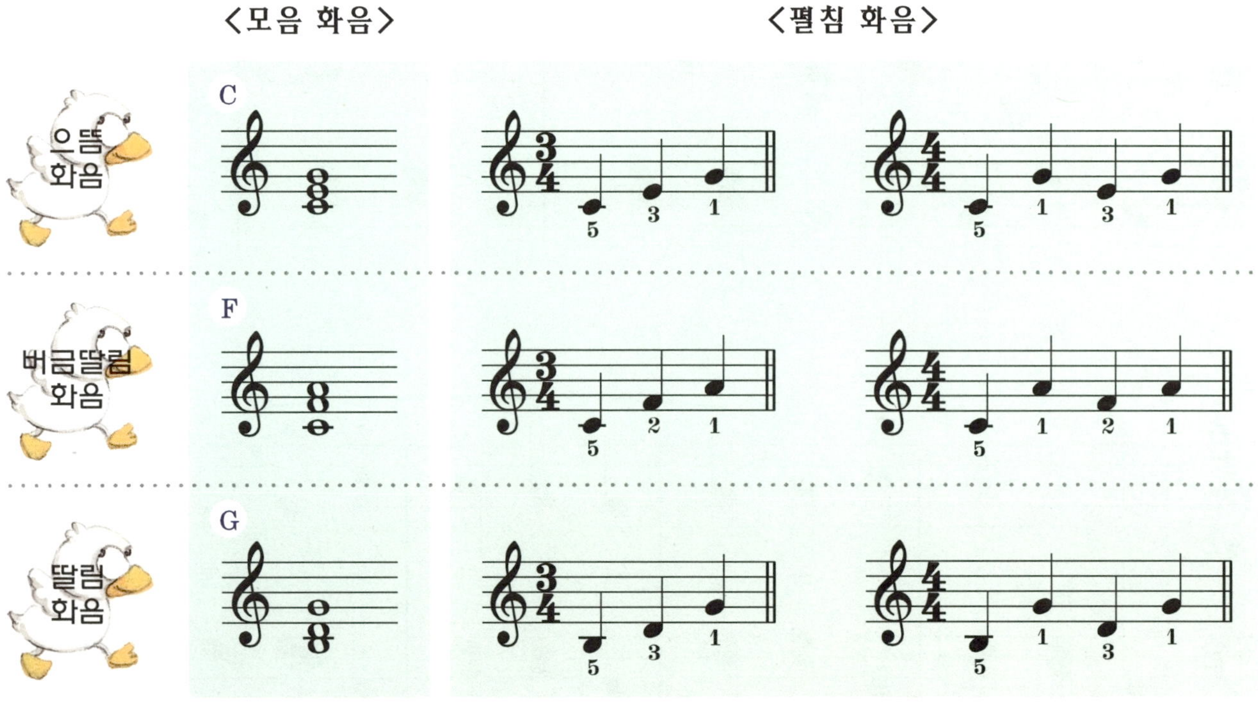

〈모음 화음〉
〈펼침 화음〉
으뜸화음
C
5 3 1
5 1 3 1
버금딸림화음
F
5 2 1
5 1 2 1
딸림화음
G
5 3 1
5 1 3 1

38. 소풍날

Allegretto (조금 빠르게)

엄기원 작사
외국곡

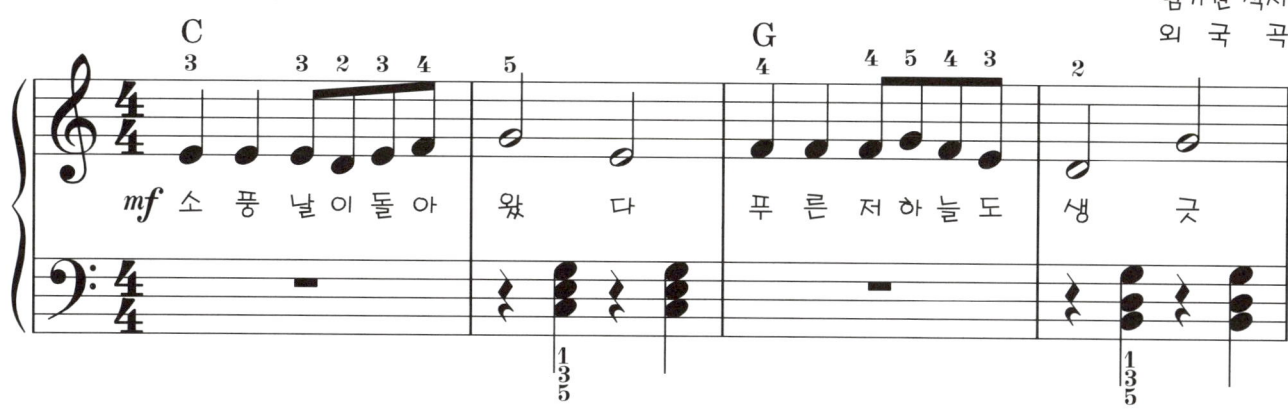

소풍 날이돌아 왔 다 푸른 저하늘도 생 긋

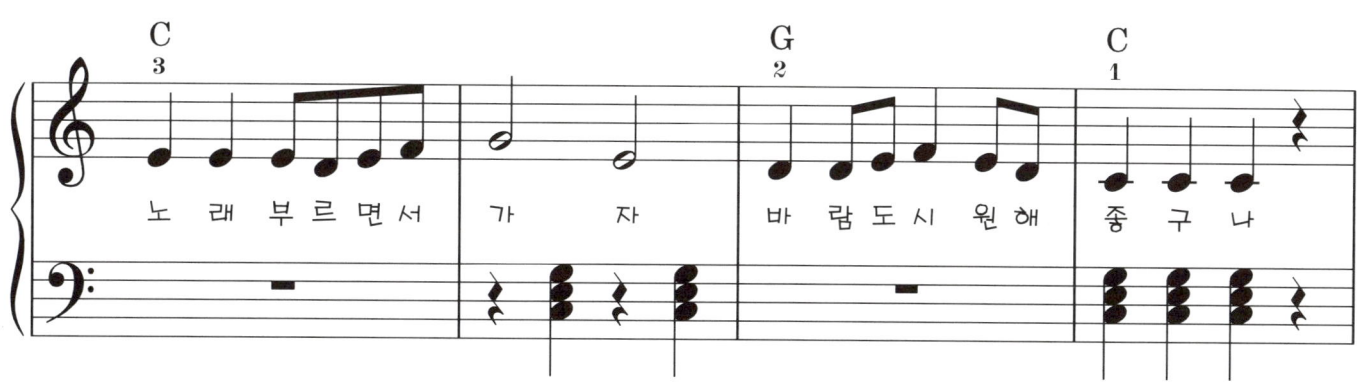

노 래 부르면서 가 자 바 람 도 시 원 해 좋 구 나

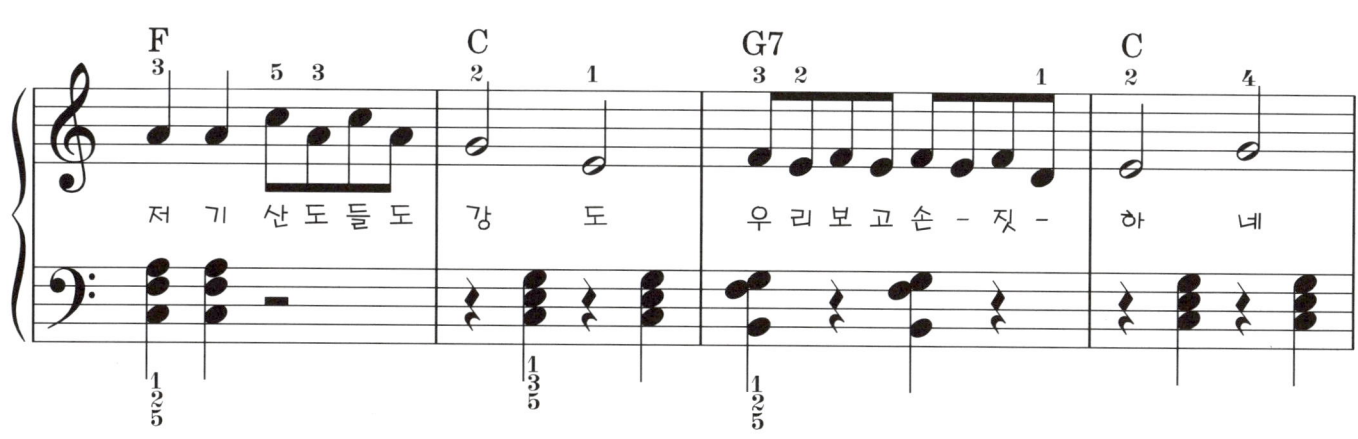

저 기 산 도 들 도 강 도 우 리 보 고 손 - 짓 - 하 네

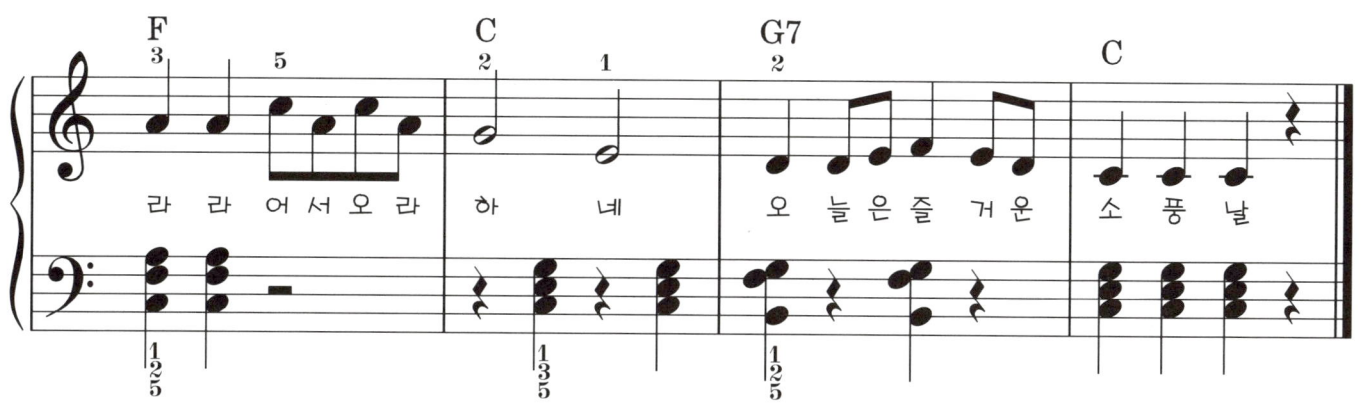

라 라 어 서 오 라 하 네 오 늘 은 즐 거 운 소 풍 날

Lesson 23 8분의 6박자

8분의 6박자 8분음표(♪)를 1박으로, 한 마디 안에 **6**개 있습니다.

강 약 약 중강 약 약

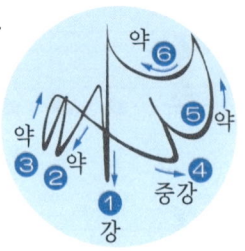

39. 바이엘 66번 변형

Moderato (보통 빠르기로)

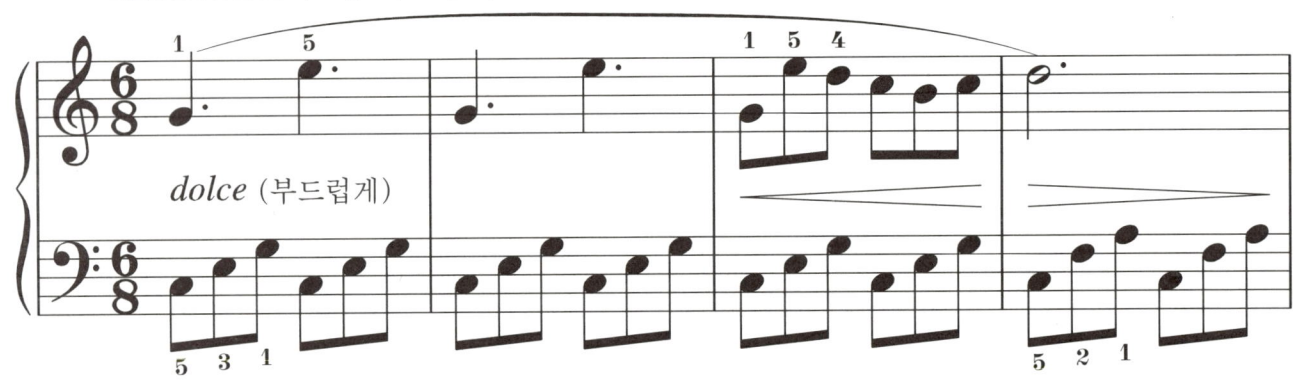

dolce (부드럽게)

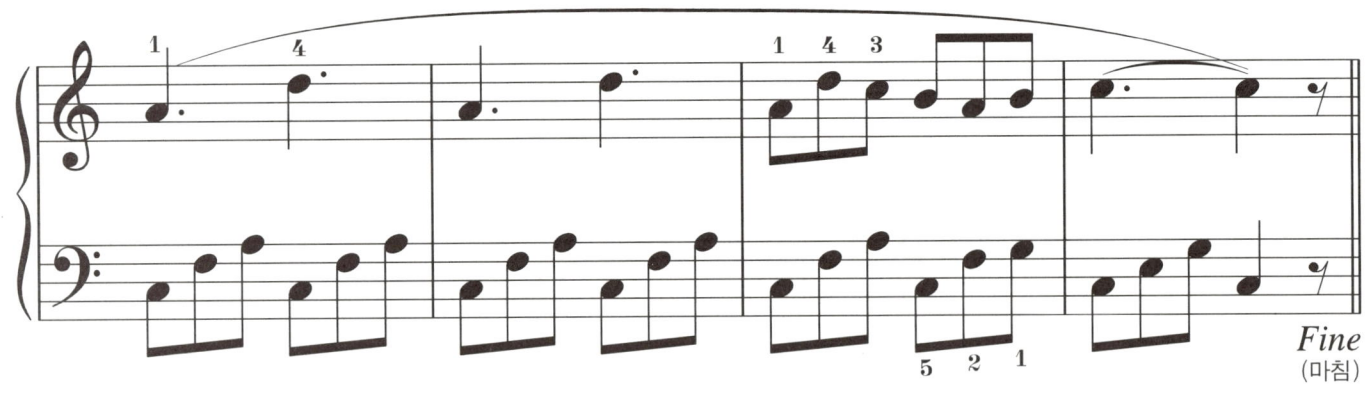

Fine
(마침)

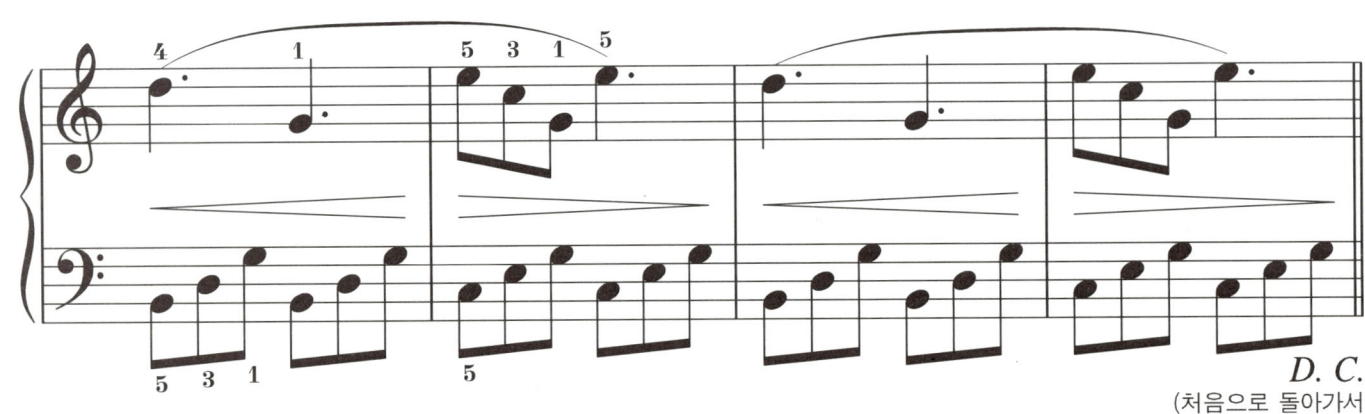

D. C.
(처음으로 돌아가서
Fine에서 마침)

48

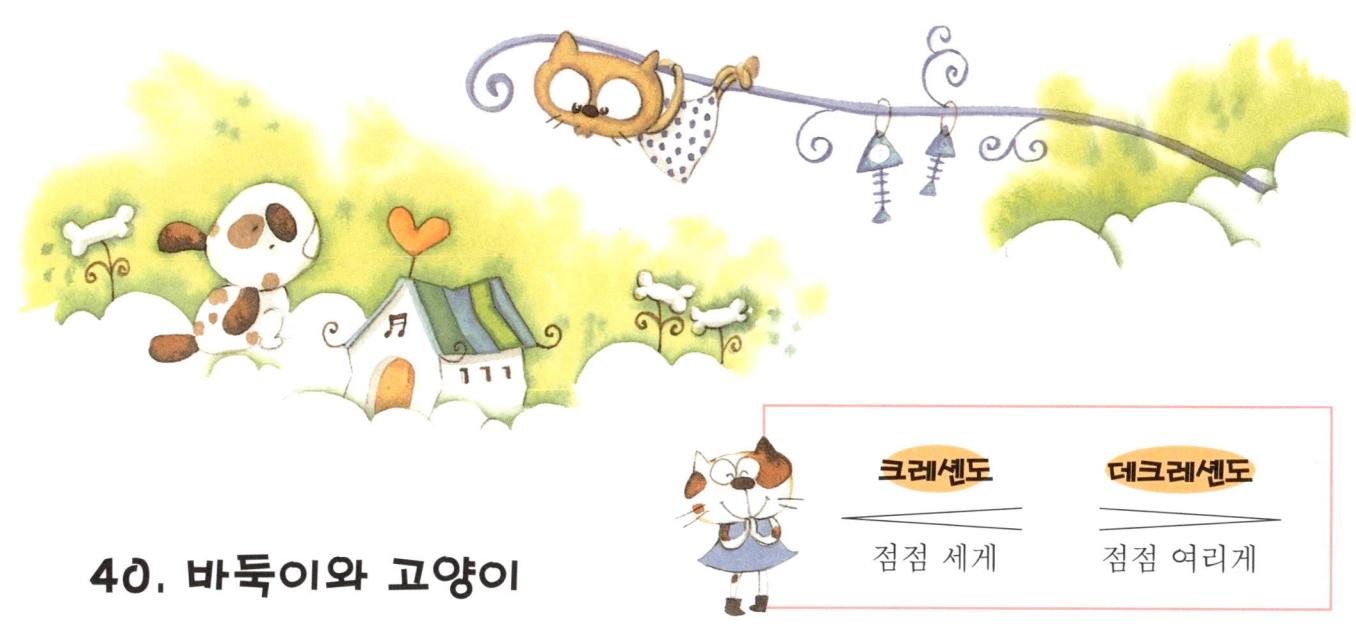

크레센도
점점 세게

데크레센도
점점 여리게

40. 바둑이와 고양이

Moderato (보통 빠르기로)

외국 곡

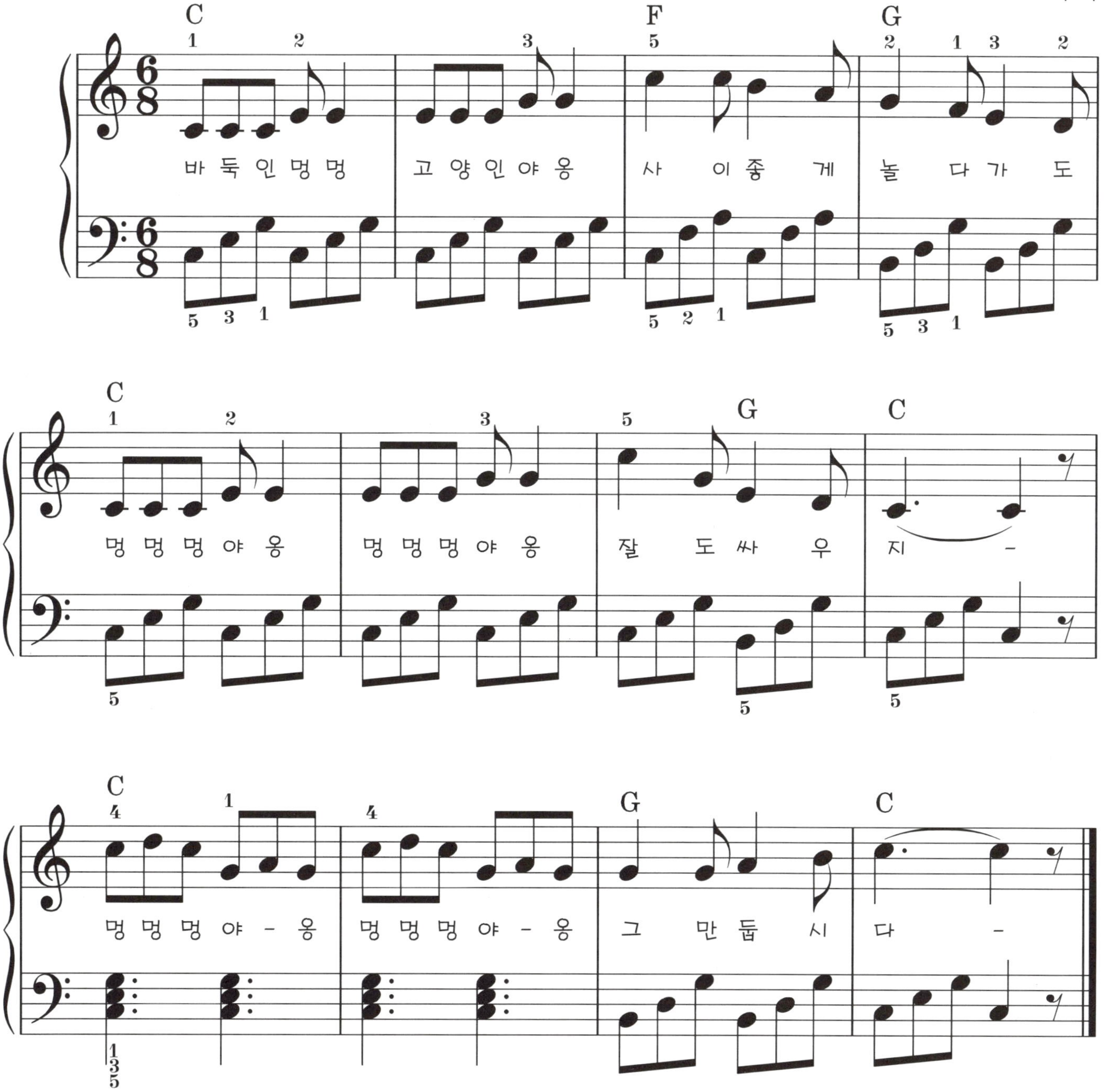

C F G
바 둑 인 멍 멍 고 양 인 야 옹 사 이 좋 게 놀 다 가 도
C G C
멍 멍 멍 야 옹 멍 멍 멍 야 옹 잘 도 싸 우 지 -
C G C
멍 멍 멍 야 - 옹 멍 멍 멍 야 - 옹 그 만 둡 시 다 -

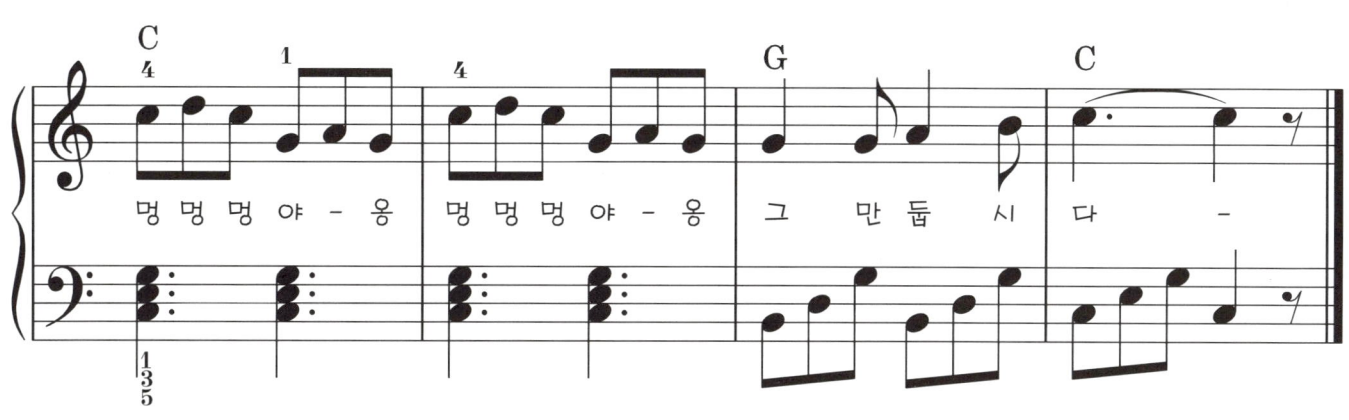

41. 어머님 은혜

Moderato (보통 빠르기로)

윤춘병 작사
박재훈 작곡

높 고 높 은 하늘이라 말 들 하 지 만 —

나 는 나 는 높 - 은 게 또 하 나 - 있 지 —

낳 으 시 고 기 르 시 는 어 머 님 - 은 혜 —

푸 른 하 늘 그 보 다 도 높 은 것 - 같 아 —

Lesson 24 사장조 음계

★ 사장조 음계는 '사'음을 으뜸음으로 한 장조 음계입니다.

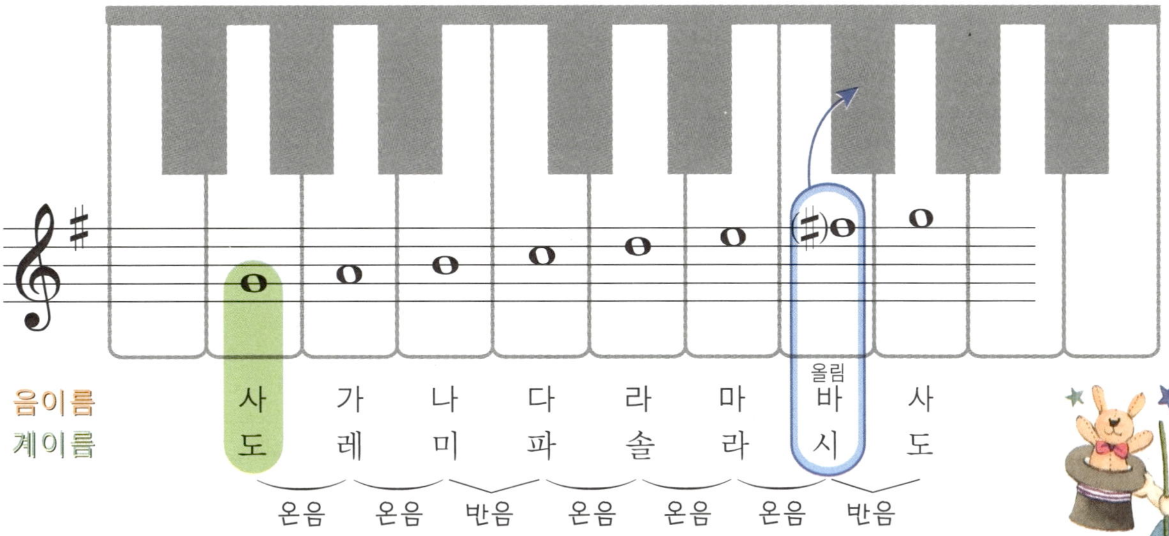

음이름	사	가	나	다	라	마	올림 바	사
계이름	도	레	미	파	솔	라	시	도

온음　온음　반음　온음　온음　온음　반음

오른손 연습

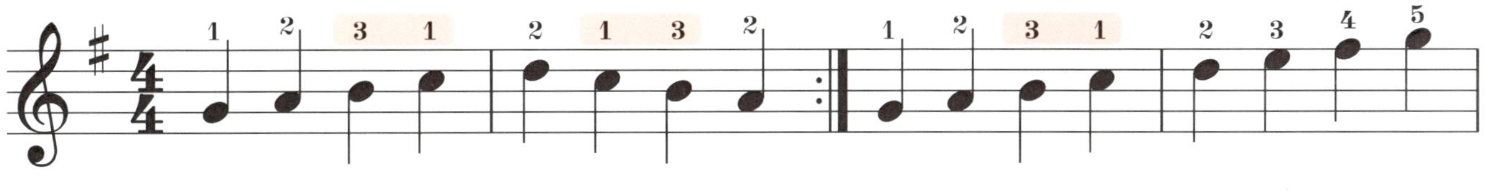

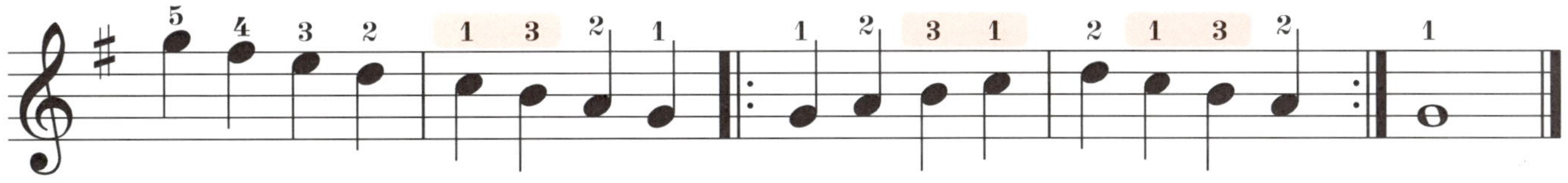

왼손 연습

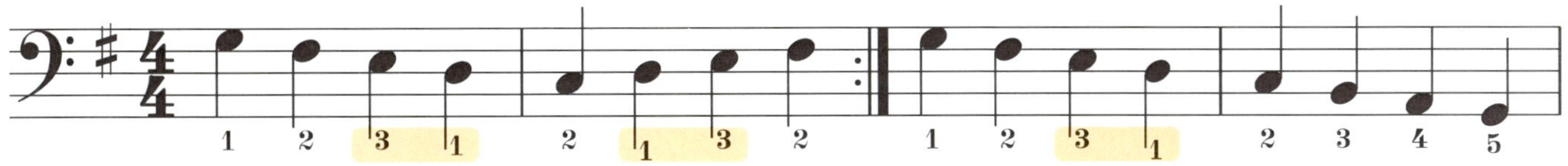

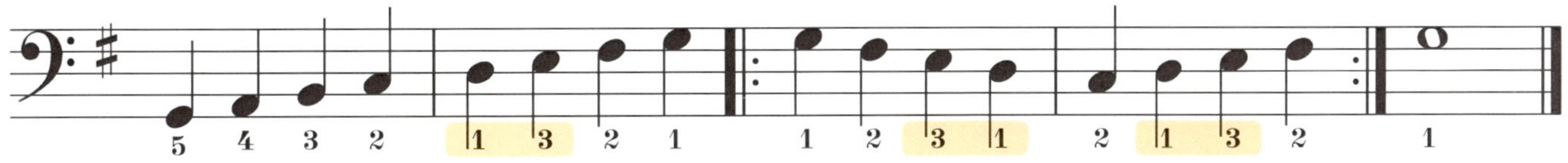

음계를 칠 때 유연한 손목은 탄력이 있어서 손가락이 잘 움직이도록 도와줍니다.
어깨와 팔의 힘을 빼고 손목을 유연하게 하여 따라 해 보세요.

하나　둘　셋　넷

42. 음계 연습곡

Moderato (보통 빠르기로)

★ 사장조의 주요 3화음

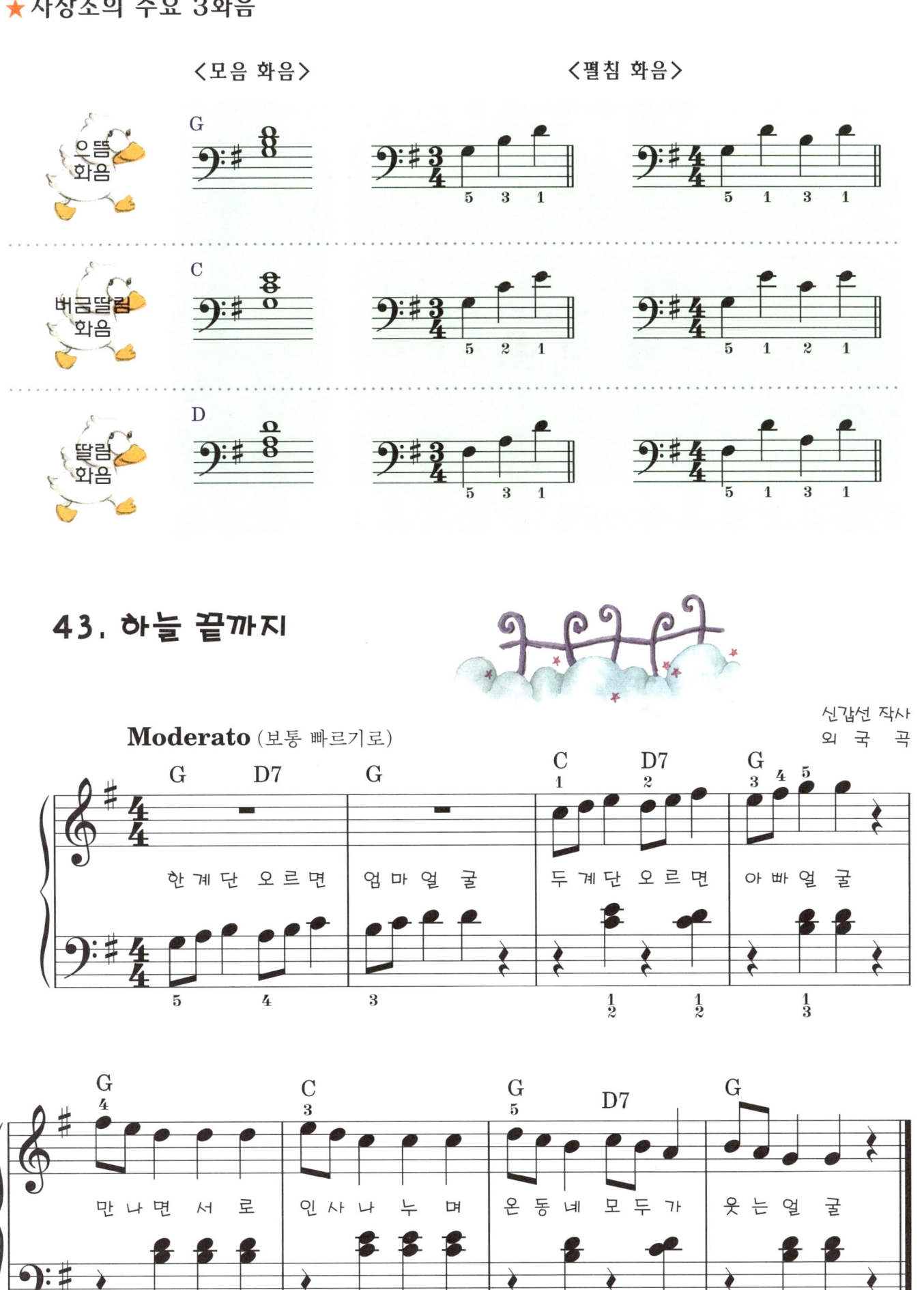

43. 하늘 끝까지

신갑선 작사
외 국 곡

Moderato (보통 빠르기로)

한 계 단 오르면   엄 마 얼 굴   두 계 단 오르면   아 빠 얼 굴

만 나 면 서 로   인 사 나 누 며   온 동 네 모 두 가   웃 는 얼 굴

44. 기쁘다 구주 오셨네

45. 사장조의 3화음

Allegretto (조금 빠르게)

바이엘 57번 변형

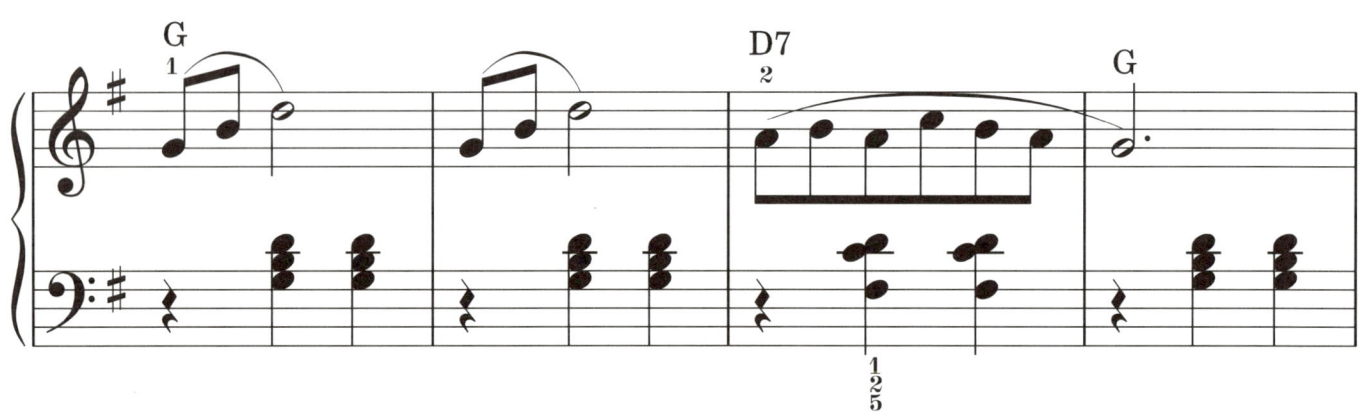

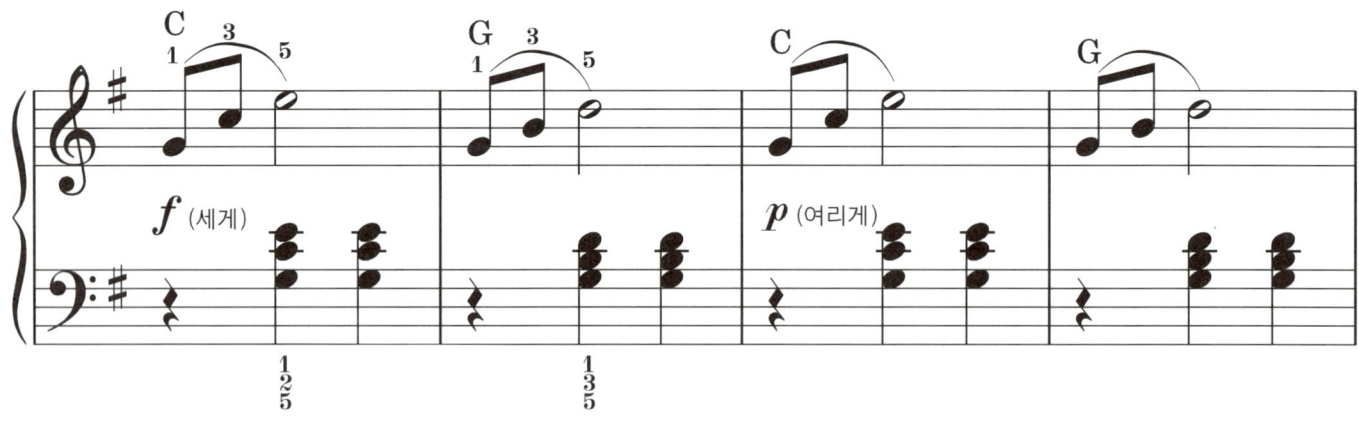

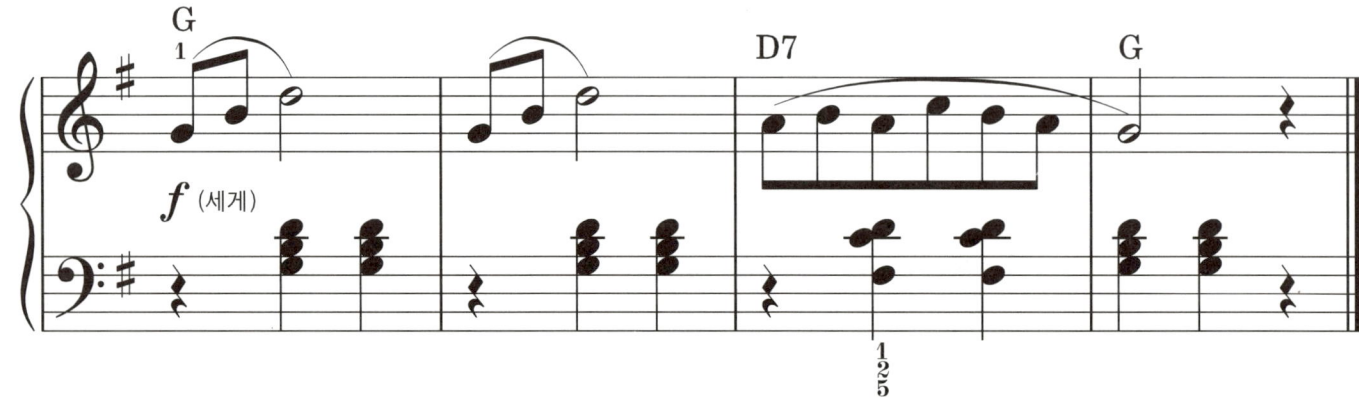

예비 연습

46. 이 몸이 새라면

Andantino (조금 느리게)

독일 민요

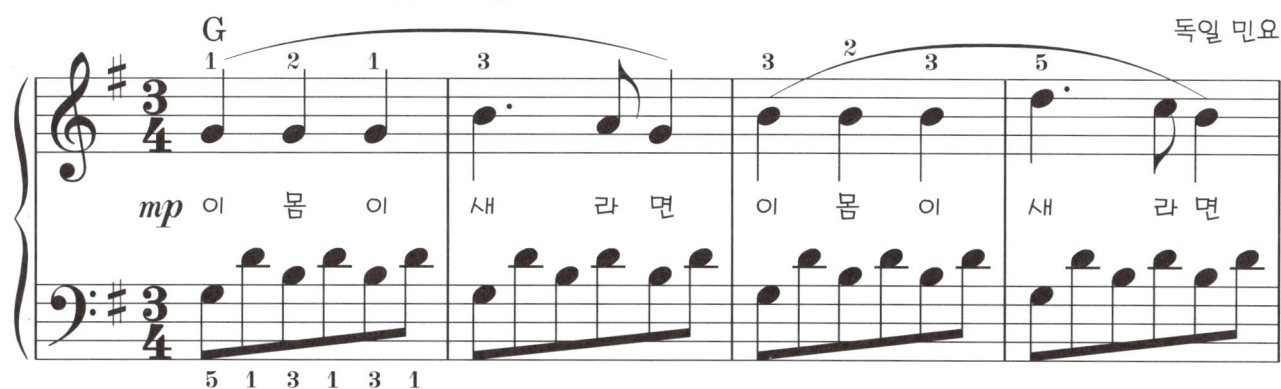

mp 이 몸 이 | 새 라 면 | 이 몸 이 | 새 라 면

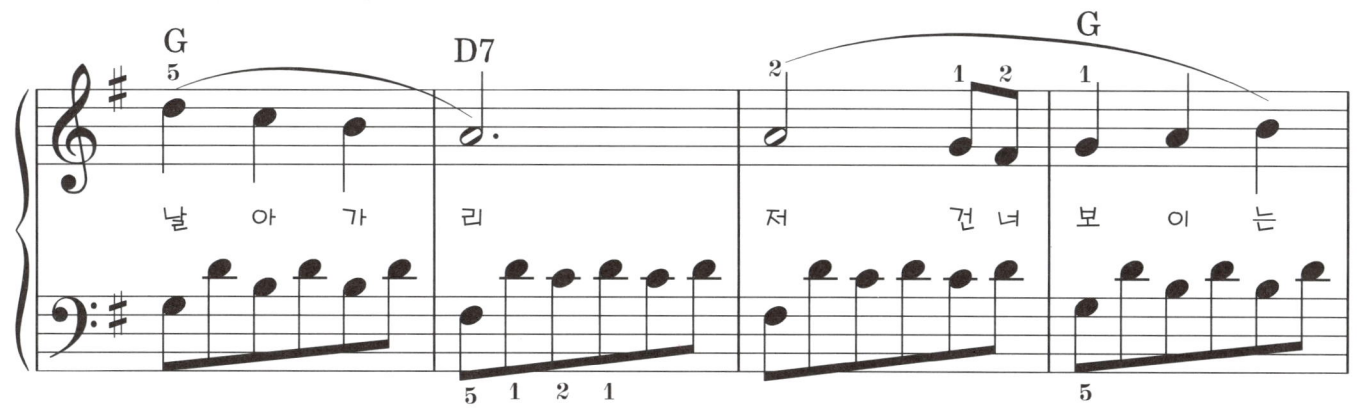

날 아 가 | 리 | 저 건 녀 | 보 이 는

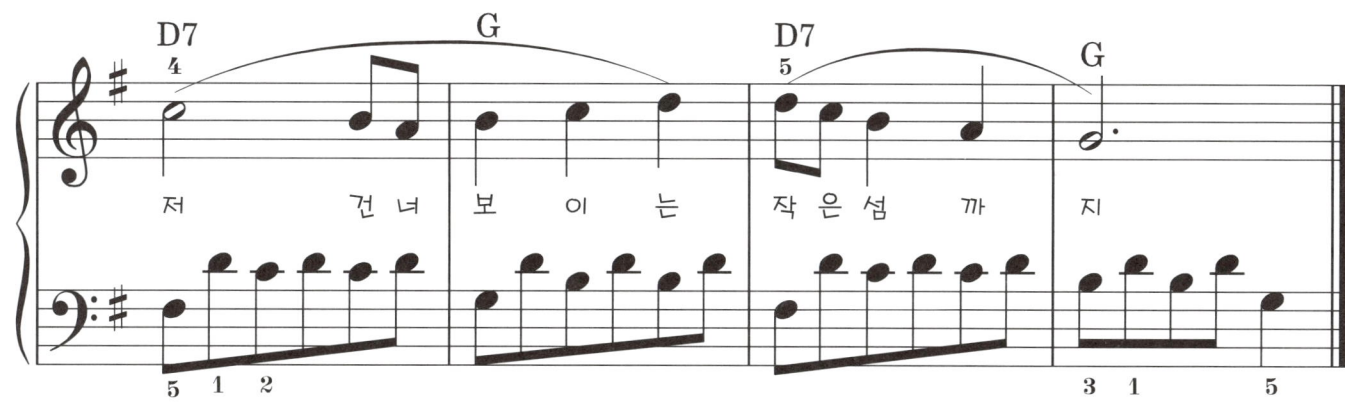

저 건 녀 | 보 이 는 | 작 은 섬 까 | 지

47. 바이엘 64번 변형

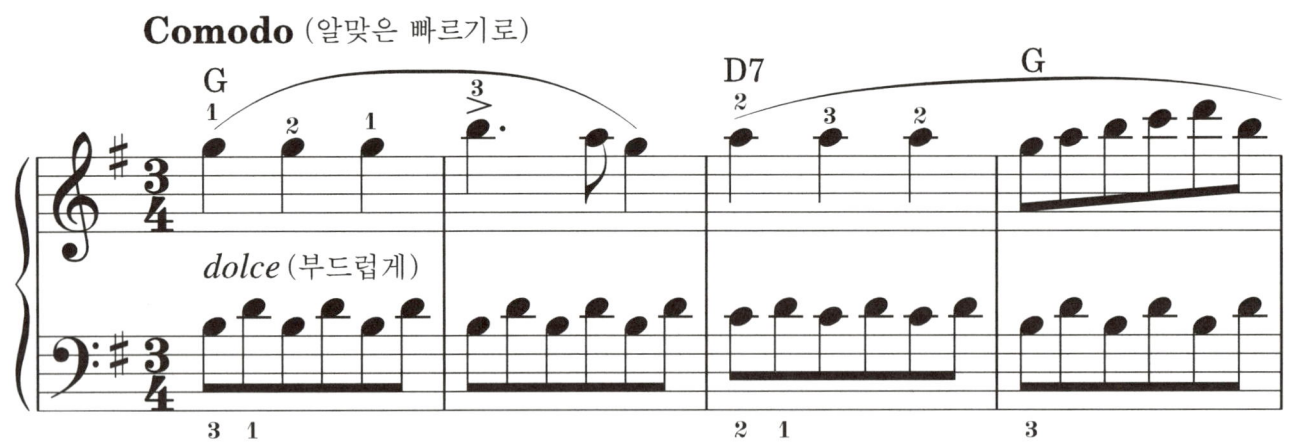

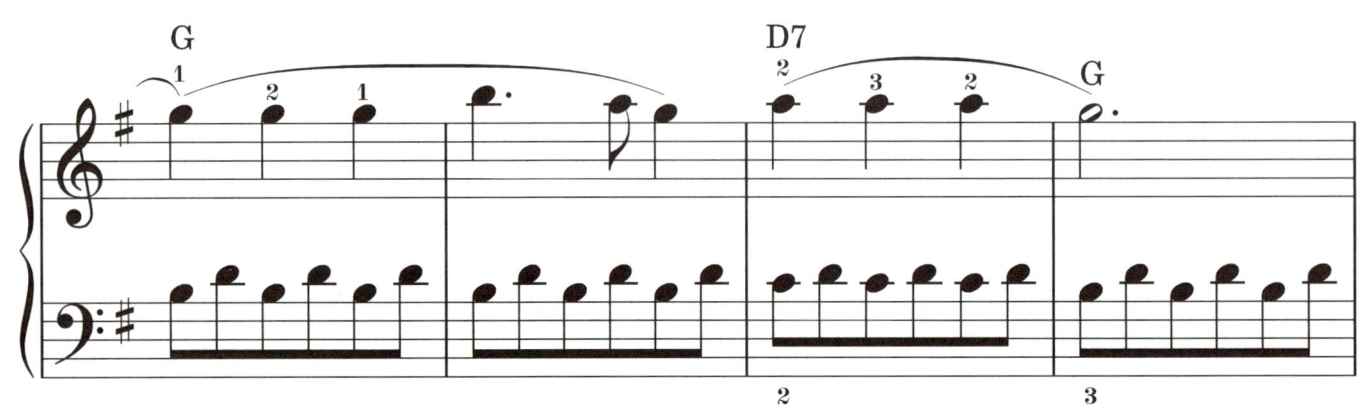

Lesson 26 임 시 표

★ **임시표** : 한 마디 안에서 음의 높이를 임시로 바꿀 때 사용합니다.

 올림표(샤프) : 반음 올려준다.

제자리표(내추럴) : 본래의 음으로 되돌아간다.

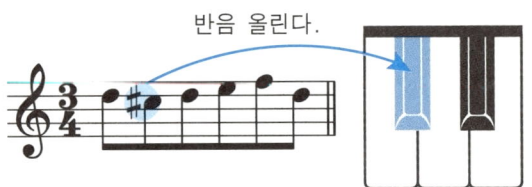

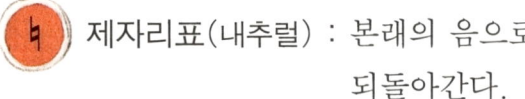

48. 바이엘 77번 변형

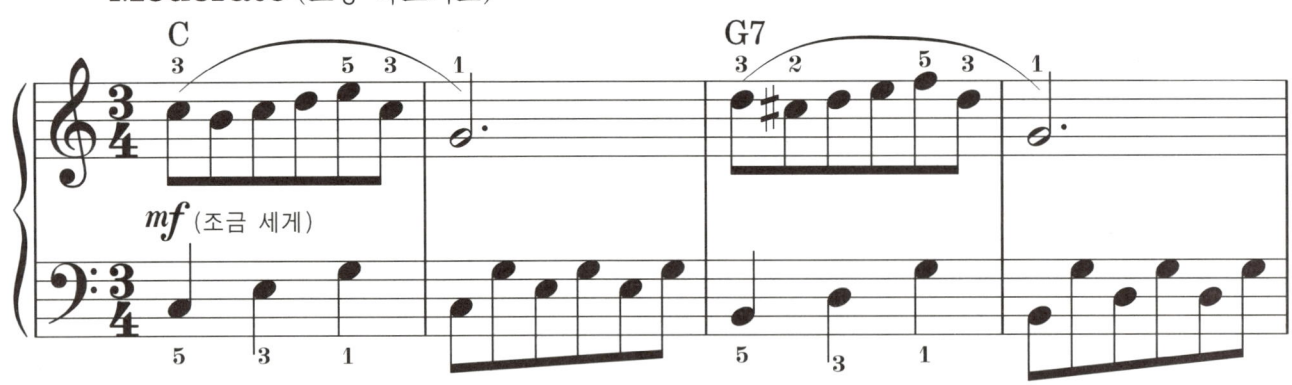

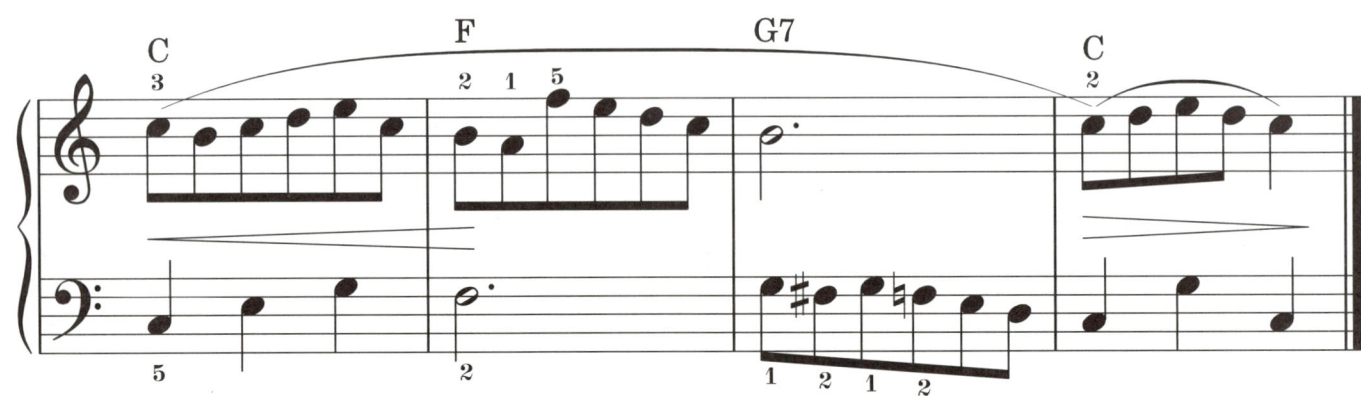

49. 어린이 왈츠

왈츠 풍으로

원치오 작사
권길상 작곡

꽃 과같이 곱 - 게 나 비같이 춤 추 며

아 름답게 크 는 우 리 -

무 럭무럭 자 라 서 이 동산을 꾸 미 면

웃 음의꽃 피 어 나 리 -

Lesson 27 사장조와 다장조 복습

★ **손을 펴고 오므리기**

같은 음에서 손가락 바꾸기를 할 때는 손을 오므리고, 7도 • 8도 음정 등 넓은 음을
뗄 때는 손을 넓게 펴게 되므로 아래의 손 운동은 큰 도움이 됩니다.

손을 폈다가 오므리는 손 운동을 여러 번 해 보세요.

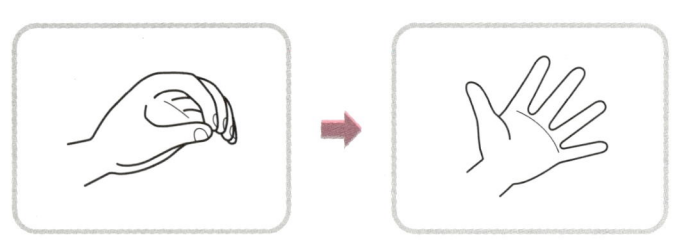

50. 캉 캉

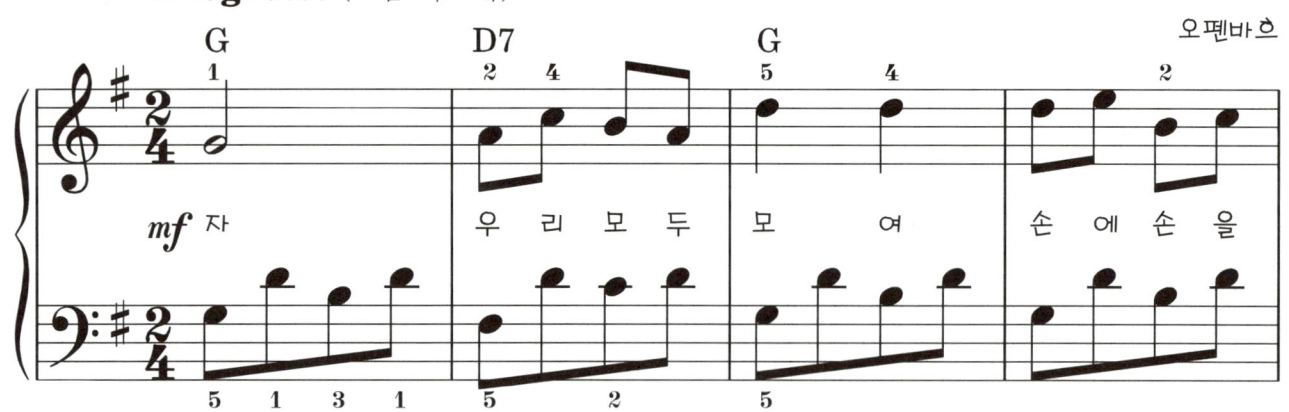

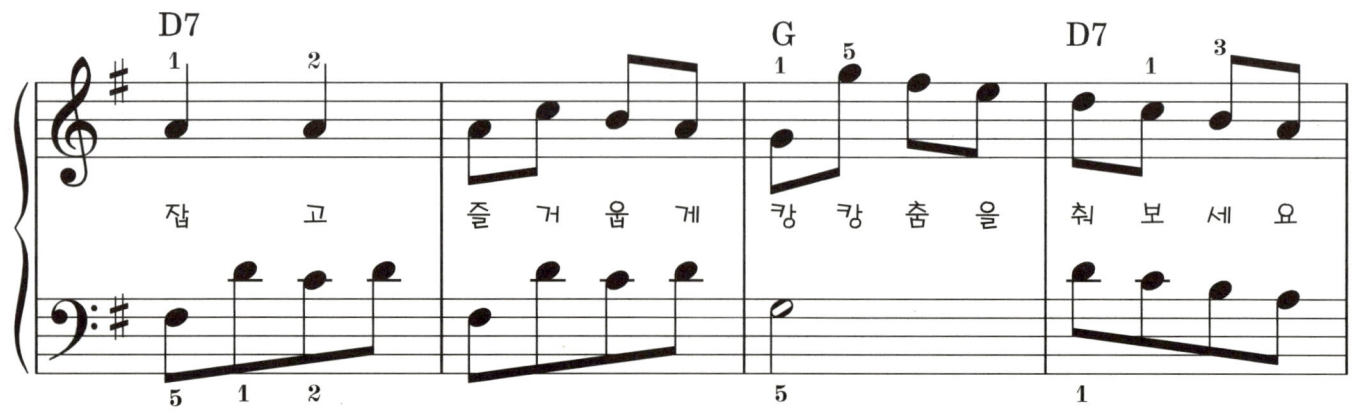

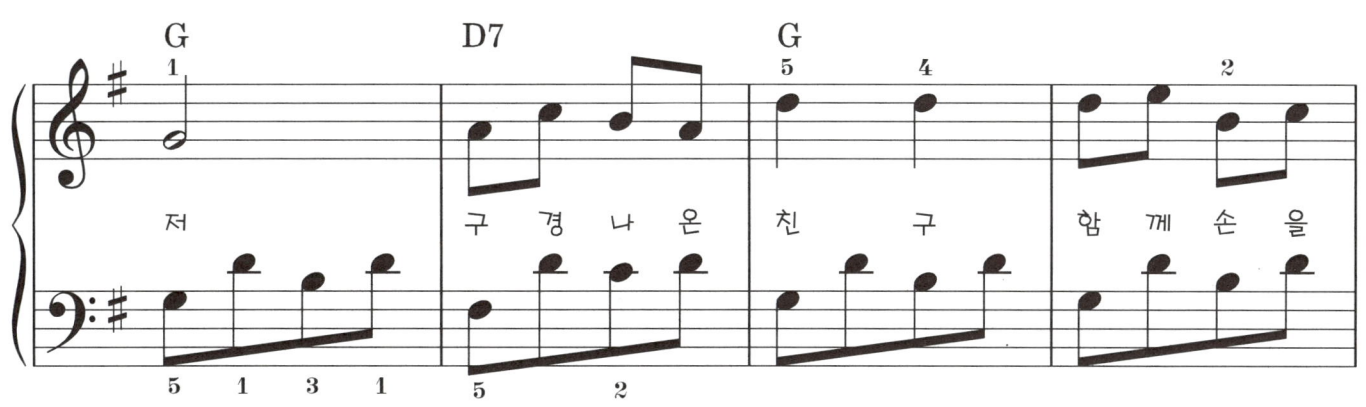

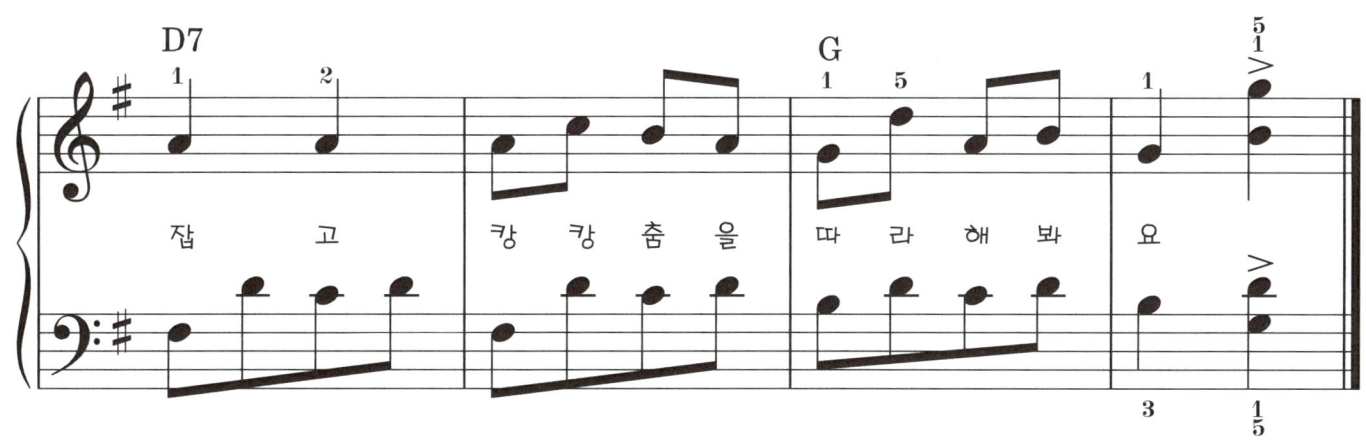

51. 허수아비 아저씨

Allegretto (조금 빠르게)

김규환 작사
김규환 작곡

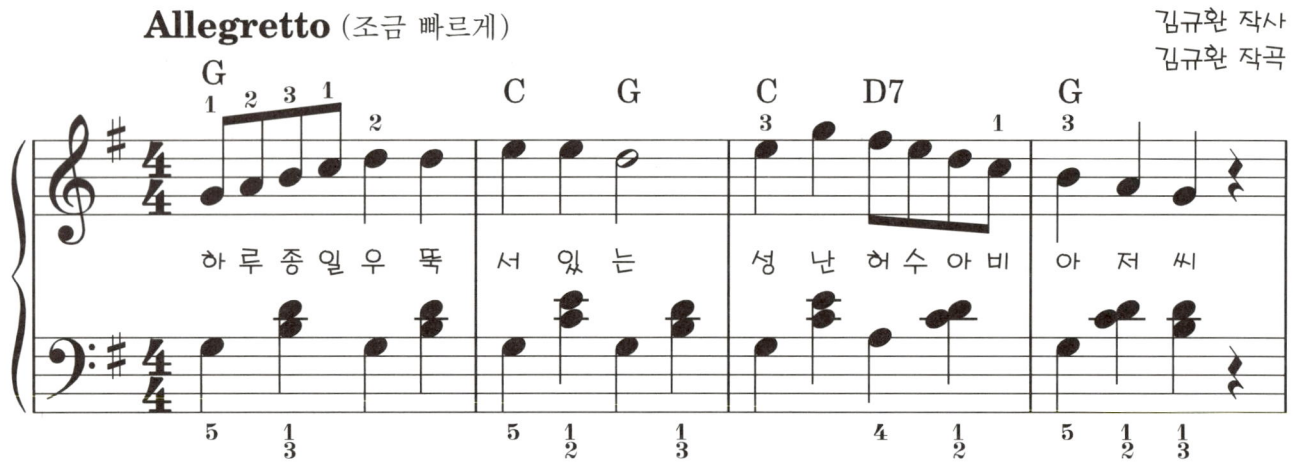

하루종일우뚝 서있는 성난허수아비 아저씨

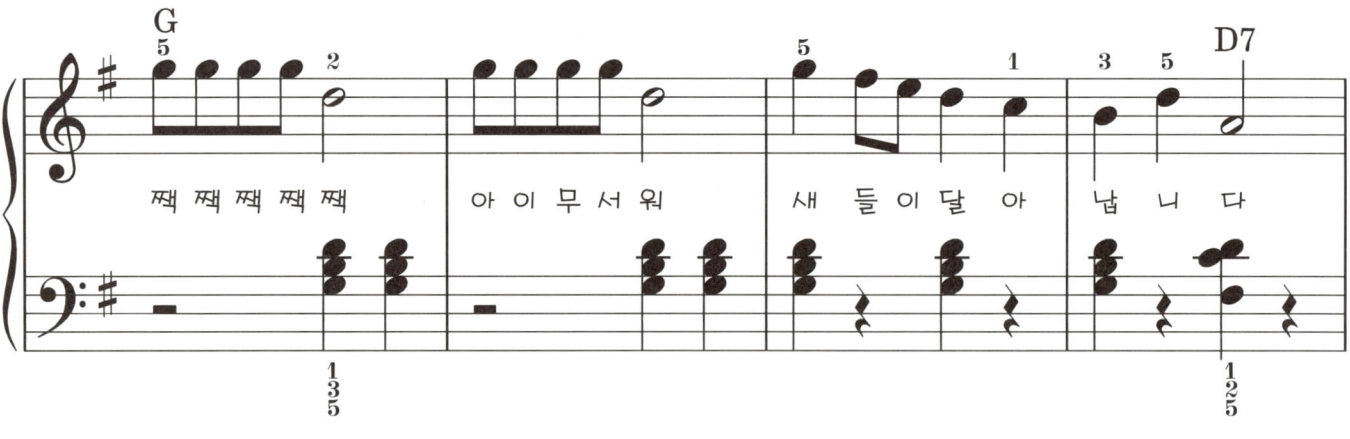

쨱쨱쨱쨱쨱 아이무서워 새들이달아 납니다

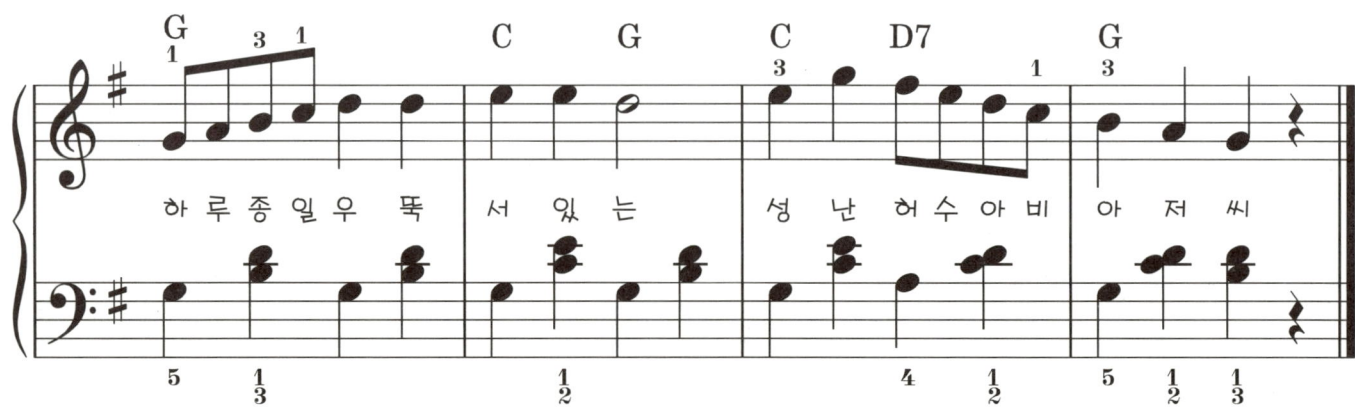

하루종일우뚝 서있는 성난허수아비 아저씨

겹음 멜로디는 손가락을 바르게 세우고 손목을 사용하여
두 음 모두 고른 소리가 나도록 하세요.

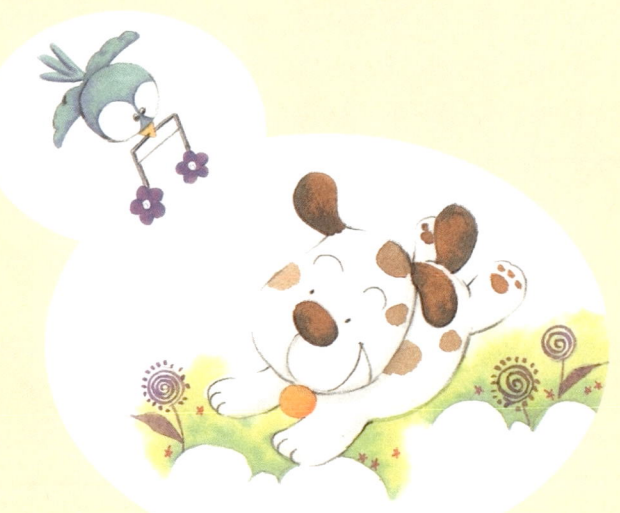

예비 연습

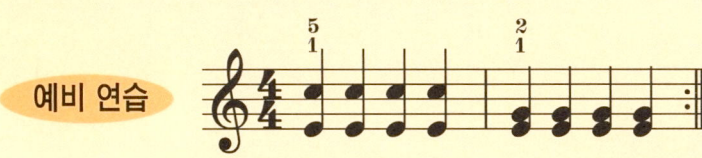

52. 바둑이 방울

김규환 작사
김규환 작곡

Allegretto (조금 빠르게)

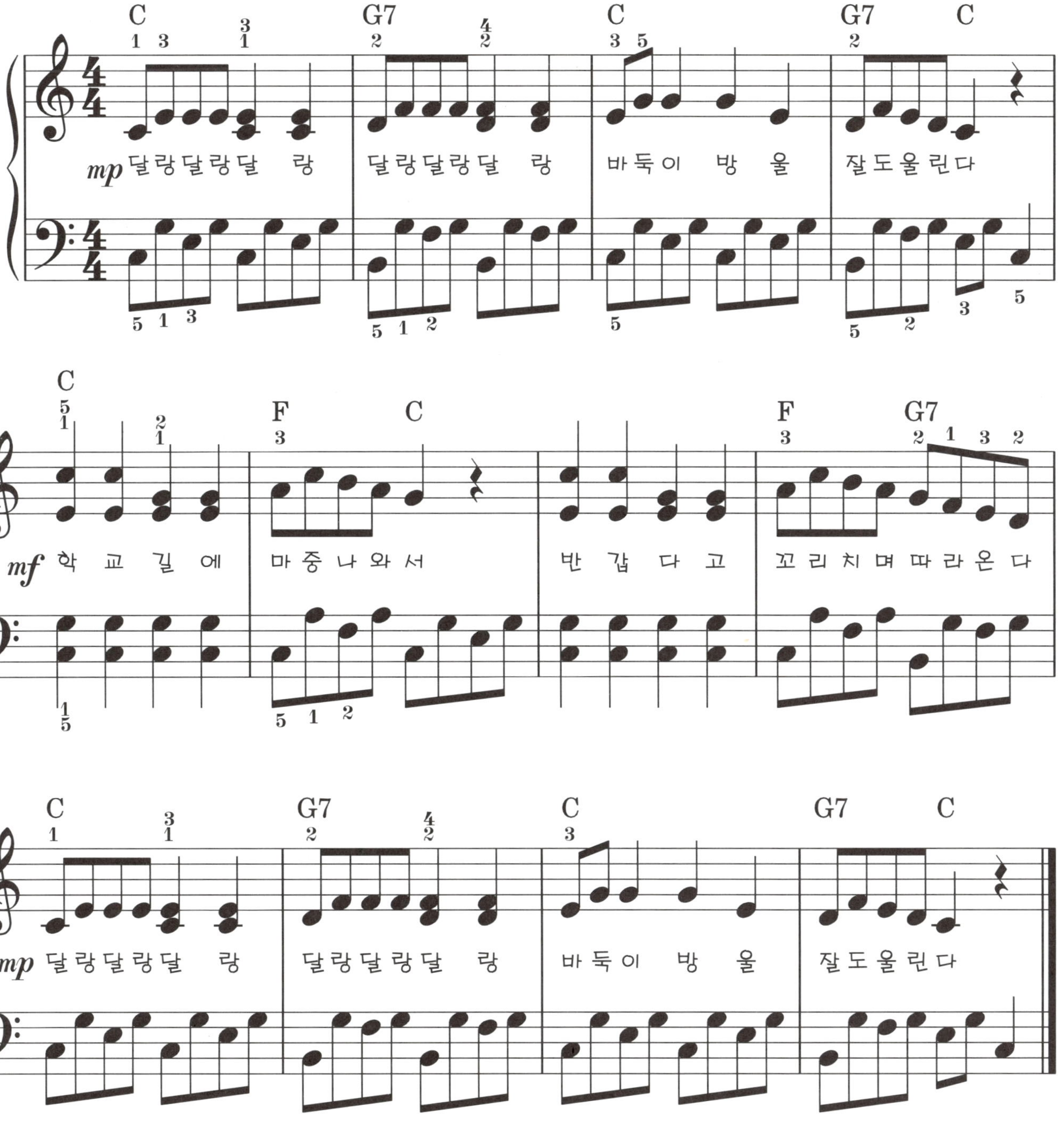
C G7 C G7 C
mp 달랑달랑달 랑 달랑달랑달 랑 바둑이 방 울 잘도울린다
C F C F G7
mf 학 교 길 에 마중나와서 반 갑 다 고 꼬리치며따라온다
C G7 C G7 C
mp 달랑달랑달 랑 달랑달랑달 랑 바둑이 방 울 잘도울린다

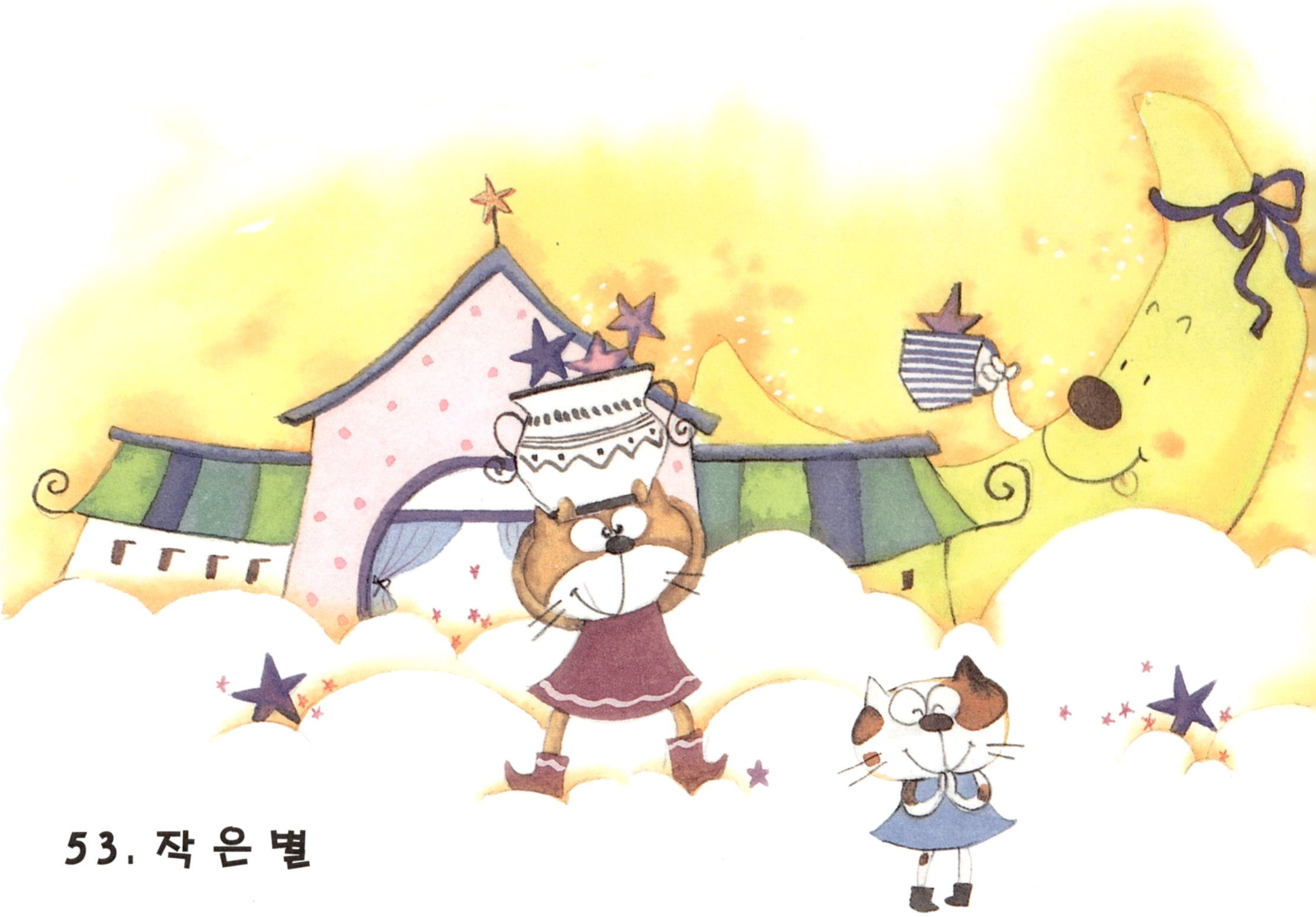

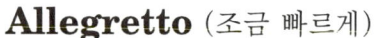

53. 작은별

Allegretto (조금 빠르게)

지은이 미상

C
반 짝 반 짝 아 름 다 운 작 은 별 들
G C F C G
구 슬 같 이 어 여 쁘 게 빛 나 요

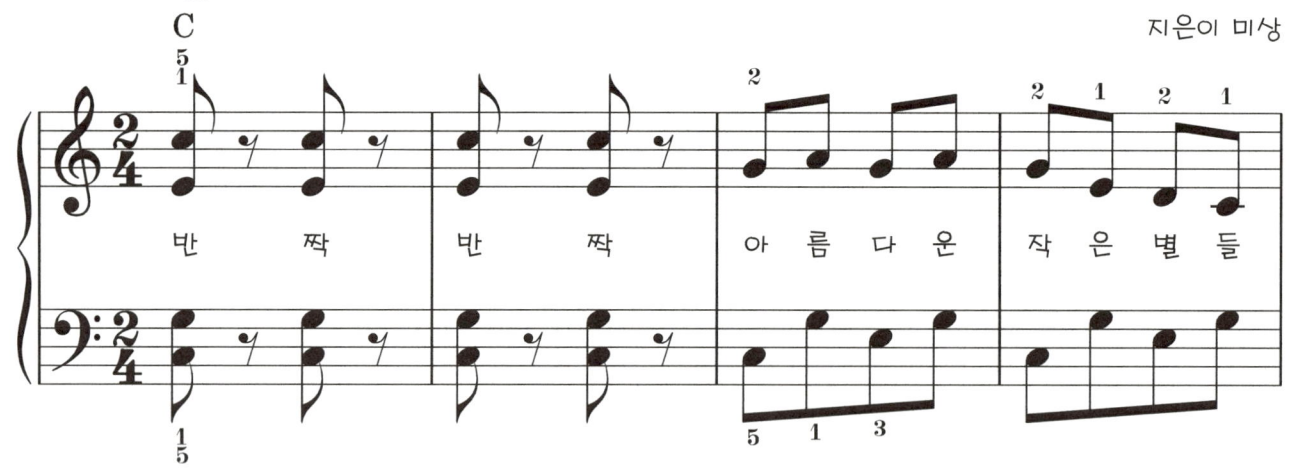

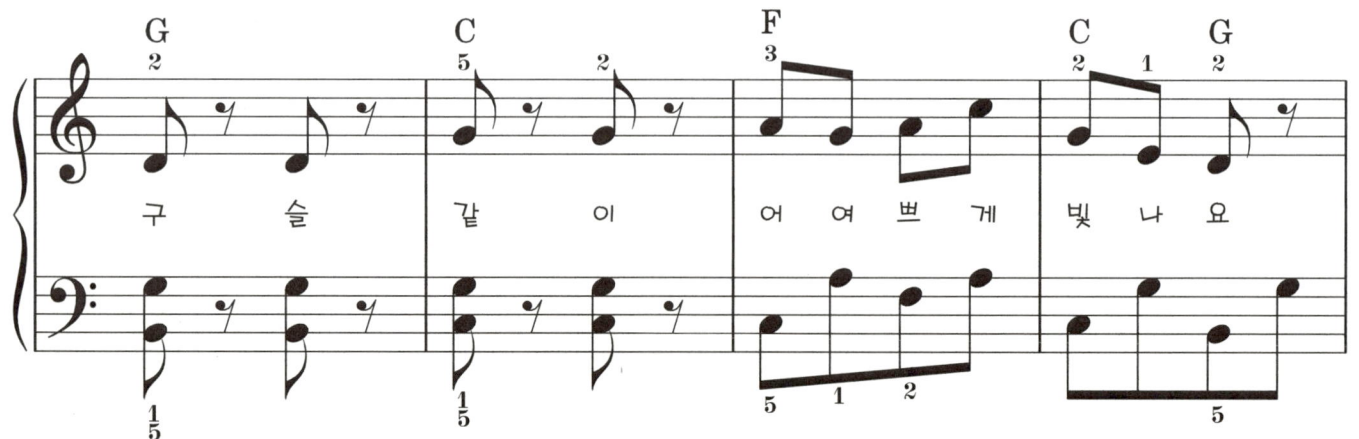

8분쉼표

8분음표(♪)와 같은
길이로 반박 쉽니다.

이지 바이엘 ② 편집부 편

발행인　박현수
발행처　세광마스터피스 | 서울특별시 용산구 만리재로 178
　　　　　Tel. 02)313-8112~3(내용 문의)　Fax. 02)719-2656
　　　　　http://www.sekwang.co.kr
공급처　(주)세광아트　Tel. 02)719-2651　Fax. 02)719-2191

등록번호　제 2-3161호(2000. 9. 23)
ISBN　978-89-89359-06-7 93670

ⓒ 2000 세광마스터피스